稻盛和夫的实学

经营与会计

[日] 稻盛和夫 著
曹岫云 译

人民东方出版传媒
東方出版社

图书在版编目（CIP）数据

稻盛和夫的实学. 经营与会计 / (日) 稻盛和夫 著；曹岫云 译. — 北京：东方出版社，2013.3
ISBN 978-7-5060-6159-9

Ⅰ. ①稻… Ⅱ. ①稻… ②曹… Ⅲ. ①陶瓷工业—工业企业管理—会计—日本—现代
Ⅳ. ①F431.367

中国版本图书馆CIP数据核字（2013）第058240号

稻盛和夫的实学：经营与会计
（DAOSHENGHEFU DE SHIXUE:JINGYING YU KUAIJI）

作　　者：［日］稻盛和夫
译　　者：曹岫云
责任编辑：贺　方
出　　版：东方出版社
发　　行：人民东方出版传媒有限公司
地　　址：北京市东城区朝阳门内大街166号
邮　　编：100010
印　　刷：北京文昌阁彩色印刷有限责任公司
版　　次：2013年6月第1版
印　　次：2023年4月第21次印刷
印　　数：99001—102000册
开　　本：880毫米×1230毫米　1/32
印　　张：5.875
字　　数：106千字
书　　号：ISBN 978-7-5060-6159-9
定　　价：39.00元
发行电话：（010）85924663　85924644　85924641

推荐序
企业持续发展的要诀

《稻盛和夫的实学：经营与会计》这本书虽然篇幅不长，但却是稻盛先生的一本很重要、很有分量的著作。我在接受东方出版社委托、认真翻译这本书的过程中，一方面，对于毕业于理工科大学、技术员出身、以发明新材料、开发新产品起家的稻盛先生，居然能够在财务会计领域中独树一帜，创造出一整套精细而实用的会计原则，禁不住由衷的敬佩。另一方面，我觉得对于每一位想要认真经营企业的经营者而言，本书中稻盛先生归纳的“会计七原则”，可谓条条精辟、字字珠玑，同时也是我们经营者正确经营企业的指针。

同时，“会计七原则”也是引进“阿米巴经营”的前提。事实上凡是引进阿米巴并最终取得成功的企业，无不贯彻执行了这七条原则。

应日本政府的邀请，2010 年 2 月 1 日，78 岁高龄的稻盛先生作为新任董事长来到日航。让他大为吃惊的是，日航这么一个巨型公司，虽然人才济济，但是经营层居然不懂，甚至也不重视会计。会计报表要迟三个月才统计出来，出来的也只是“盖浇饭”式的笼统数据。他们不晓得经营企业必须依据正确、及时地反映企业真实状况的数字，正如飞行员驾驶飞机而不看仪表盘一样。稻盛先生认为，这样的经营者连一家“蔬菜铺”也经营不好。于是，在向日航注入灵魂——正确的经营哲学的同时，让日航的干部学习经营的实学——简明的会计原则，就成为重建日航的当务之急。哲学、实学双管齐下，见效之快令人惊叹不已。不到半年，日航就开始大幅度扭亏为盈。到2010年底，也就是稻盛先生进日航短短10个月内，就创造了日航历史上空前的1 580亿日元的巨额利润。从2011年4月起，日航还将全面推行基于“稻盛和夫的实学”的“阿米巴经营”模式，我相信日航将会更加健康地发展，成为世界上最优秀的航空公司。

重建日航是稻盛哲学和实学的一次历史性的伟大实践，全世界万众瞩目。

破产企业要起死回生，成功企业要持续发展，最重要的因素是什么呢?

每位企业家都希望自己的企业长盛不衰。那么，企业长期持续发展的前提是什么呢?

那就是企业经营者必须不断地做出正确的经营判断。因为只有基于正确的判断，才能采取正确而坚决的行动，才能把企业经营得有声有色。而企业一旦判断失误，特别是在重大问题上判断错误，企业就会遭遇严重挫折，甚至从此一蹶不振。这样的事例，不胜枚举。

那么，企业经营者怎样才能不断做出正确判断，怎样才能避免重大的判断失误呢？

这里有两条基本原则。

第一条，经营者必须具备正确的判断事物的基准，并且这种判断基准要为全体员工所共有。

测量物体的长度，尺是基准；测量物体的重量，秤是基准。那么判断事物的基准是什么呢？用稻盛先生的话来说，就是“作为人，何谓正确”；用王阳明的话来说，就是“良知”。违背良知的判断，即使一时得逞，最终必将失败。这样的道理，知易行难，在《活法》、《干法》等著作中稻盛先生都有精彩的论述。

第二条，经营者必须通过具体的数字正确而及时地掌握企业各个部门以及企业整体的真实状况。

具体该怎么做呢？在本书第二章的“一一对应的原则”、第三章的“筋肉坚实的经营原则”、第五章的“双重确认的原则”、第六章的“提高核算效益的原则”和第七章的“玻璃般透明经营的原则”中都有精确而详尽的论述。

翻译这本书，我最深切的感受是：稻盛先生不愧为“实事求是”的模范。从实际出发，以真实情况作为判断的基础，而这个“真实”是确凿的、即时的、明确的、细致的、全面的、整体性的、无懈可击的、无可挑剔的真实。从这样的“真实”中才能探究事物的本质，才能把握住真理。从这个意义上讲，稻盛先生是彻彻底底的唯物主义者，是科学精神的典范。

良知与科学的结合，纯粹的理想主义和彻底的现实主义高度完美的结合，这就是稻盛和夫的哲学和实学，稻盛先生的成功是不可阻挡的。

稻盛和夫（北京）管理顾问有限公司董事长　曹岫云

序言

现代的经营迫切需要会计学

从20世纪80年代后期开始，日本许多经营者被泡沫经济的狂潮所裹挟，失去理智，一再重复过度的投资。

这样的泡沫经济理所当然地破灭了。从20世纪90年代初期开始通货紧缩，其结果是，金融、建设、房地产等几乎所有行业，不良资产大量出现，日本经济深陷涂炭之苦。

在这期间，日本的经营者们干了些什么呢？认真反省、从根本对策上下功夫的人很少，大多数经营者忙于隐瞒不良资产，掩饰业绩的恶化。这样做就使日本的企业经营变得很不透明，催生了许多舞弊丑闻，因而丧失了国际信用。

我认为，日本的中小企业乃至大企业的经营者们，如果他们都能光明正大地经营企业，如果他们能正确理解企业经营的原点——“会计原则”，那么，无论是泡沫经济还是其后的经济萧条都不至于达到那么严重的程度。

到20世纪80年代前期为止，日本经济一味高速增长，企业经营似乎只要简单地仿效前例就行。然而，日本周围的环境发生了很大变化，日本经济进入成熟期，持续增长的神话告一段落，并且日本经济需要融入复杂的全球化经济之中。在这样的时代，经营者必须正确把握自己企业实际的经营状况，在此基础上做出准确的经营判断。而要做到这一点，前提就是要精通会计原则以及会计处理的方法。

然而，如此重要的会计和会计原则，日本的经营者以及企业的经营干部却不予重视。说到会计，一般人都认为，它不过是将经营过程中所发生的金钱、物品的单据收集统计而已，它不过是一种过后的事务处理而已。

有的中小企业经营者认为，自己不需要懂会计，反正只要把每天发生的有关单据交给税理师和会计师，他们会做出需要的财务报表，这就行了。自己只要知道最终结果："企业的利润是多少"、"得缴纳多少税金"，至于会计处理的方法，交给这些专家就行了。甚至有人认为，会计数据可以根据自己的需要人为地操作。

我27岁时创建了京瓷，从零开始学习企业经营，在这个过程中我意识到一个重要的真理，就是会计将成为"现代经营的中枢"。因为经营者必须正确掌握企业活动的真实状态，才有可能带领企业长期持续地发展。

如果想认真经营企业，那么经营数据决不允许有任何人为的操作，它必须反映企业经营的实态，它必须是唯一的真实。损益表和资产负债表的所有科目、所有细目，其数字都必须完整无缺，任何人检查都没有任何差错。它必须百分之百反映企业经营的实态。

为什么？因为这些数字可以比喻为飞机驾驶舱仪表盘上的数字，它起到重要的导向作用，它指引经营者正确无误地达到预定的目的地。

基于这种观点，我让财务部门做好经营资料，然后根据资料上的数据经营企业，而其结果就是京瓷和第二电电的持续稳步发展，甚至在泡沫经济时期也未受影响。现在回头来看，在京瓷创业时，正因为我对会计一无所知，我才开始学习，并在我自己的经营哲学——追求做人的正确准则——基础之上，确立了“会计的原则”。可以说这是京瓷和第二电电成功的重要原因。

我并非会计学专家，但是，我自学自创的会计学原则，对于正陷于困境、不知怎么做才好的经营者、企业干部来说，或许有参考的价值。为此，我将这些原则汇编成册。

本书是从会计的角度来表述我所思考的经营的要诀和经营的原理原则。在表达上或许稍有过激之处，如“不懂会计怎能经营企业！”出版该书就是想表达我的这一观点。特别在这个混迷的时代，我发自内心大声疾呼。我希望人们理解我焦急的心情，理解我叱咤一般激励的言辞。本书是直接为经营服务的会计学，我希望，有更多的人认真阅读后，能够把他们的企业经营得更加出色。

另外，写作本书依据的基础资料，是已故原京瓷公司财务部长（原监察担当）斋藤明夫为培养年轻干部而总结的经验。我再次对斋藤明夫所付出的努力表示由衷的感谢。

最后，我还要对为本书出版做出帮助的日本经济新闻社出版局编辑部的波多野美奈子、西林启二以及本公司经营管理本部长石田秀树、关联公司教育本部副本部长高桥幸男、秘书室长大田嘉仁、经营研究课木谷重幸表示感谢。

稻盛和夫

前言

从泡沫经济破灭开始，已经过去了约10年，在笼罩整个日本的经济萧条的阴云中，终于透出了一线曙光。经济景气从谷底开始上升，此时，日本经济新闻社希望出版拙著的文库版，我想这个计划正合时宜。

是什么招致了日本的泡沫经济？又是什么使得日本在泡沫经济破灭后的经济萧条持续了那么长的时间？我认为，主要原因在于企业经营者的“思维方式”。从这个意义上说，20世纪末的日本经济萧条向世间的经营者提出了一个严肃的课题：“经营者到底应该具备怎样的思维方式？”“企业经营的原理原则究竟是什么？”

本书1998年10月第一次出版，当时日本经济还没有从萧条中摆脱。这本书的内容，是我在经营京瓷的过程中，一点一滴亲手摸索出来的经营原理原则。在此之前，我原本只是一个工程师，对企业经营完全是一个外行。

此后，许多读者来信说“深合我意”、“很有同感”、“恍然大悟”。同时，在经济界也有很多人直接或间接表示了对我观点的赞同。很幸运，作为一本经营管理的书籍居然异常畅销。

我期待更多的经营者、管理者阅读这本书，使本书成为他们日常经营企业时的参考。

稻盛和夫

写于酷暑中的京都伏见

目录

第二章 贯彻“一一对应原则”

一一对应原则，不仅作为会计处理的方法必须严格遵守，而且它还规范了企业及其员工的行为，在实现玻璃般透明的经营上发挥着重要作用。无论从内部看还是从外部看，企业及员工都不能有舞弊的行为。

第三章 彻底地实行筋肉坚实的经营

如果要塑造一个本质上强壮的企业，经营者就必须具备坚强的意志，借以克服如下的诱惑：把自己和企业打扮得比实际情况更好看。

第六章　提高核算效益

对于经营者来说，“管理会计”和“财务会计”同等重要，都是企业经营必需的会计。管理会计对于财务会计的结算有什么关联，经营者必须正确把握。

第七章　实行透明经营

企业经营最重要的就是光明正大，为了保证做到这一点，就要把经营放在众人的监视之下。

第二部分 直接为经营服务的会计学之实践（盛和塾经营问答）

序章

我的会计学思想

一、我的会计学是怎样诞生的

● 我的经营原点和会计

在有关朋友热心支持下成立京瓷时，我只是一个 27 岁的工程师，没有经营企业的经验。但是，在这之前就职的公司里，我负责过从新产品开发到商品化的所有环节的工作。当时我想，开发新产品，将它投入生产，再在市场上销售，这三件事我或许都能够胜任。

但是关于“会计”我却一无所知。第一次看资产负债表，右手边的“资本金”是钱，左手边的“现金、存款”也是钱。于是我想“把钱分在两手上，左右两边就都有了”，就这么无知。创业之初，无论对于会计还是对于经营我一点都不懂。

当时，我所能做的，只有全身心地投入工作。但是既然我当了经营者，公司的各种事情，部下都要来请示我，等待我的判断。同时京瓷是一个刚刚诞生的弱小企业，一旦判断失误，公司可能立即倾覆。究竟应该以什么作为判断的基准？究竟应该怎样来经营企业？我烦恼不安，夜不能寐。我想，在企业经营的过程中，如果做了不合道理的事，做了违反道德的事，那么，经营一定不会顺畅。既然如此，加上我又缺乏经营的知识，那么一切事情都对照原理原则进行判断吧。对于面临的每一个问题，“对，必须这样做才对！”我决心用自己内心认可的正确方法开拓前进的道路。我决心恪守原理原则，就是说，在世人公认的、正确做人的基础之上展开经营。

现在回头来看，当初未曾接触经营常识反倒是幸事。有关经营的一切事项，我都要从头开始理解，在自己内心认可以后才做出判断。这样，我就能时常思考企业经营的本质，思考所谓正确的经营究竟应该是怎样的。

“会计”也完全一样。因为我总是不断思考会计的本质，所以当实际结算的数字与我的预计不一致时，我马上要求财务人员做出详细的说明。我要知道的，不是会计和税务教科书上的那种说教，而是会计的本质，以及在其中发挥作用的原理。但是，财务人员却往往不能给我满意的解答。他们说“会计就是这样规定的”，我却问“那是为什么？”我不断追问，直到我能理解、接受为止。

• 与财务部长争论交锋中产生了我的会计学

京瓷创建后第八年，进入公司的斋藤财务部长，对于我的会计学的形成发挥了重要作用。当时他已经50岁，曾在二战前就成立的一家历史悠久的企业担任财务工作，积累了丰富的经验。而我当时只有35岁左右，是技术出身的经营者。

当时京瓷的规模还不大，在他进公司的前一年，即1967年3月期结算的年销售额是6.43亿日元，税后利润是1.02亿日元。

刚进公司时，他和我之间总是意见对立，常常发生激烈的争论。在他看来，我是财务方面的外行。尽管我是社长，但他对自己相信的事情不肯轻易让步。

但是，不管多么小的事情，只要我有疑问，就毫不客气地向他提出："为什么要使用这样的票据？""从经营的立场上应该这么做才对，为什么在财务上却不这样处理？"刨根问底，反复追问"为什么？"他勉强答道"反正会计就是这样的"。我却不罢手："这种回答没有说服力。不能回答经营者想知道的事情，这样的会计没有价值。"直到他的解答能说服我接受为止。

最初他对我这样提问一定感到惊奇、不可思议。作为财务专家他很自负，对他而言，我或许是提出了一系列难以想象的难题怪问，他内心一定认为我这个外行是无理取闹，难为他。但过了几年，他的态度突然转变，开始很认真也很诚恳地听取我的意见。“正确的经营应该是怎样的”，我从这一角度谈及有关会计的观点，他深刻理解、真心接受了。他主动汲取过去从未接触过的观念。后来我问他转变的原因，他说他意识到“社长所提的问题都直逼会计的本质”。

为了把自己领会的要点传授给其他会计人员，他举办了多次学习会。后来他还总结出一本《京瓷会计规程》，这一规程京瓷一直沿用至今。在规程开头，他把在和我争论中学到的会计本质称为“从京瓷哲学中诞生的会计思想”。

此后，他以京瓷财务部长的身份参与了公司股票上市，参与了在美国发行股票（ADR），见证了京瓷的高速增长。在这过程中，他是我的好帮手，他把京瓷的会计系统改进得更为精致。

京瓷快速成长，到 1998 年 3 月年总销售额已超过 7 000 亿日元，并正在以总销售额 10 000 亿日元为目标发展事业。同时，1985 年创立的第二电电总销售额已经超过 10 000 亿日元。

在这过程中，我遭遇到各种财务和税务上的问题，我都依据自己的经营哲学，从正面解决。对每一个具体事件我都深入思考，直到能说服自己为止。会计、财务本来应该是怎样的，会计管理应该是怎样的，我都有了自己独特的见解。

这样形成的会计学，和京瓷独创的“阿米巴”经营管理模式一起，渗透到企业内部，成为京瓷快速成长的原动力之一。

二、我的会计学的基本思维方式（追究事物的本质）

在这里，我要说明我基本的思维方式，也就是我的经营学、会计学的出发点。

●依据原理原则追求事物的本质，以“作为人，何谓正确”进行判断

在对事物做出判断时，要追溯到事物的本质。同时，要以做人最基本的道德、良心为基础，把做人何谓正确作为基准进行判断，这是最为重要的。从27岁开始经营企业一直到现在，我一贯秉持这样的思维方式开展经营活动。我所说的做人的正确准则，就是孩童时代，乡下的父母亲常说的“这种事可做”和“那种事不可做”。就是小学、初中时，老师教导的“善恶”等极为朴实的伦理观。简单地说，可以用公平、公正、正义、勤奋、勇气、博爱、谦虚、诚实这些词汇来表述。

在经营活动中，在考虑所谓的战略战术之前，我首先考虑“作为人，何谓正确”，以此作为判断的基准。

凡事都不追究本质，只是跟随所谓的常识，那么就不需要自己负责思考判断。或许有人认为，只要随大流，与别人做相同的事就没有什么风险，反正不是什么大问题，不必那么较真、那么深入地思考。但是，只要经营者有一点这样的念头，我所说的依据原理原则的经营就不可能实行。不管多么细小的事情都要追溯到原理原则，彻底地思考。这或许伴随极大的劳力和辛苦，但是，只有把任何人看来都正确的原则作为判断的基准，并且只有持续这么做，才可能在真正的意义上实现合理的经营。

在经营的重要领域——会计领域——情况完全一样。不是盲目地去凑合会计的常识和习惯，而是要追问什么是问题的本质，回归会计的原理原则进行判断。为此，我从不轻率相信一般公认的所谓“适宜的会计基准”，而是站在经营的角度，有意识地追问“为什么是这样”和“什么是它的本质”。

● 用原理原则判断如何折旧

在会计领域如何依据原理原则进行判断，我想用固定资产折旧年数为例来说明。

比如，问财会人员："购买机械设备为什么要考虑折旧?""机械设备使用时并不改变形态，这与原材料不同，原材料会改变形态，变成产品。因此，可以用上几年的机械设备作为费用一次性打入成本不合理。"

"那么，不停地使用，等报废时再一次性打入成本显然也不合理。所以正确的做法是，确定机械设备能够有效工作、正常生产产品的年数，在这一期间内分摊该机械设备的成本。"这样的回答可以接受。

但是在会计常识上，按照所谓"法定使用年数"计算使用年数，即对照日本大藏省颁布的折旧年数一览表来决定设备的折旧年数。

按照这份一览表，新型陶瓷粉末成型设备归属"陶瓷器、黏土制品、耐火物品等制造设备"一项，使用寿命规定为十二年。根据这一规定，用于硬度极高的新型陶瓷粉末成型、因而磨损极快的机械设备也要折旧十二年。与此相比，加工砂糖和面粉、磨损并不厉害的设备却归入"面包及糕点制造设备"一项，使用寿命为九年，比新型陶瓷设备的还要短。

这一规定令人难以接受。按不同设备的正常使用寿命来分摊费用理所当然，但实际上却要按所谓"法定使用年数"折旧，对这种明显不合理的规定，经营者岂能泰然接受。

法定使用年数是重视"公平课税"的税法中规定的，它并不承认不同企业的不同状况，而规定了“一律公平”的折旧年限。按照我的经验，新型陶瓷设备如果二十四小时连续运转，即使精心地维护保养，至多也就能使用五六年，因此折旧年限应该按设备能够正常使用的年数来确定。

但是，财务、税务专家们却说：“即使在结算处理上按六年折旧，但因税法规定必须十二年折旧。所以，如果那样做，前面六年折旧费增加，利润减少，但计算税金时又要按法定使用寿命十二年折旧，结果是利润减少税金却不减，变成了有税折旧。”他们或许认为：“税务上的使用年限是法定的，大家都在遵守。标新立异，做与众不同的事并不聪明，实际处理上折旧计算作两本账也太麻烦。”许多经营者在专家们这类意见面前退缩，“是这么回事啊，那就算了”。

但是，就算实务上常识是这样，根据经营和会计的原理原则，即使是付税也应该折旧。只能用六年的设备却要花十二年折旧，就是对不能再使用的东西继续折旧，就是说实际使用的六年中折旧金额太少，把剩余部分放到后面的六年中折旧。

“事实上发生的费用不打入成本，从而增加当期利润”，这种做法既违反经营原则也违反会计原则。每年若无其事这么做的企业不会有前途。只是消极地遵从所谓“法定使用年数”的惯例，就会忘记“折旧到底是什么？”“经营上应该怎样判断才对？”这种本质性的问题。

所以，在京瓷不依照法定使用寿命折旧，而是根据设备的物理寿命、经济寿命进行判断，确定“自主使用寿命”，依此折旧。具体来说，大致是法定寿命的一半，即四至六年。变化特别迅速的通信机械设备，税法使用年限为十年，我们也将其大幅缩短。在会计上实行所谓“有税折旧”，税务上按税法上规定的使用年数另外计算折旧。

• 判断基准不拘泥于常识

常识往往强有力地支配着人心，关于这一点，我想以自己年轻时经历过的实例作说明。

过去“票据贴现押金存款和套利存款”非常普遍。1959年京瓷创立之初，每当在银行贴现支票时，理所当然，都要被强制存进一定比例的“票据贴现押金存款”。这是因为银行贴现票据时如果遭拒付，银行不会承担风险，公司必须自己承担拒付支票的风险。但是，银行又担心我们不依约买回拒付票据，作为担保，就强制性采用“票据贴现押金存款”。

这种做法是为了预防银行风险，这点可以理解。但这种强制存款随贴现票据越积越多，哪怕超过了票据的贴现金额，仍要继续强制存款。当公司内部讨论银行要求提高强制存款比例时，我提出这种强制存款的做法难以接受。但以财务人员为首、周围的人都笑我，强制存款是常识，我质疑常识就成了“非常识”，没有人把我的意见当回事。

但不久后，这种票据贴现押金的强制存款和套利存款都被废止了，因为它遭到批评，同时被认为是银行为提高自身收益的不公正举措。这件事给了我很大的自信：“无论是什么常识，道理上不对的事，最终世人还是会明白并承认它不对。”

另外，相对于销售额，在销售费用、一般管理费用的比例上，也有对所谓常识的迷信。比如某行业，销售费用、一般管理费用占销售额的15%，这是常识，因为行业内各企业的销售组织、销售方法都大体雷同。

因此，新入行的企业就以相对于销售额15%的销售费用、一般管理费用为前提开展经营。这样，不知不觉，这家新企业就与其他企业趋于雷同。只是模仿别的企业，这就等于自动放弃了从根本上思考重要的经营课题的机会：“为了更有效地销售本公司的产品，究竟应该采用怎样的销售组织、销售方法呢?”

不仅如此，“这种行业、这种规模，税后的销售利润率也就是百分之五六”，如果被这种常识框住，无论如何，结果利润率只能停留在那个水平上。奇怪的是，尽管每年工资都上升，却仍能维持这样的利润水准，但要超越这种水准，却怎么也做不到。

这些例子说明，所谓常识很容易束缚人们的头脑，尽管过后想起来会觉得不可思议。

当然，我并不是说要从根本上否定常识。问题在于，本来在一定条件下才成立的“常识”被当成了永远正确的东西，囫囵吞枣，生搬硬套。在不断变化的经营环境中，不被这类“常识”捆住手脚，而是透视事物的本质，不断做出正确的判断，非常必要。

以上所述，是我最基本的思维方式，可以说是我思想的出发点，也是我在经营中思考一切问题的基础，当然也是在会计领域中必须贯彻的思想。

三、我的会计学和经营

前一部分中阐明了我的会计学的基本思维方式。会计归根到底是经营的一个领域，下面我想明确企业经营中的重要原则与会计的关系。

● 销售最大化、费用最小化

京瓷创立不久，我对会计还一无所知。我问财务人员："这个月的结算怎么样？"他罗列许多难懂的词汇做出说明。我不明白会计术语，据说利润就分几种，分别有增有减。

我向面有难色的财务人员反复发问，最后我说："明白了，简单说，销售减去费用剩下就是利润。那么，只要销售最大化、费用最小化就行了，这样，你说的各种利润无疑都会随之增长。"财务人员说："你这么说不错，但也不能讲得太简单。"但在那一瞬间，我却明白了"销售最大化、费用最小化”就是企业经营的原点。

经营者无不追求利润，但许多经营者认为，要增加销售额势必增加费用。这就是所谓的常识。但是，如果把“销售最大化、费用最小化”作为经营的原点，那么，在增加销售额的同时，不是增加费用，而是保持费用不变，可能的话还要降低费用。我意识到这样去经营才更合乎道理。

增加销售额的同时还要降低费用，这不是随便就能做到的，这里需要智慧、创意和努力，利润只是作为结果产生出来。

• 定价即经营

销售额是收益的源泉，要把销售额最大化，关键是定价。有的经营者或许认为，产品定价之类的事，委托给负责销售的董事或部长就行了。但我认为“定价即经营”，一定要强调定价的重要性。定价不仅是为了好卖或为了容易获取订单，而是决定企业生死的关键。制定价格必须使买卖双方都满意，定价是一项极为重要的工作，最终应该由经营者做出判断。

京瓷创业时，为电子机械厂家提供电子零部件，电子零部件这个行业，新企业很多，竞争激烈，当时的京瓷没有名气，客户不断向京瓷提出苛刻的降价要求。一旦出现竞争的产品，就被放在天平上比较，被要求彻底降价。而且每年都下调价格，这样，销售人员为了获得订单，就只能一味降价。

这么做企业将无法生存。我向公司销售部门反复强调："做生意，只要减价谁都会，但那不是经营，必须找到一个临界点，就是客户愿意接受、乐意购买的最高价格。比这个价格低，很容易拿到许多订单；比这个价格高，订单就跑了。"看透客户乐意购买的最高价格，以这一价格销售，这样的定价与经营成果直接相连，极为重要，决定这个价格应是经营者的工作。就是说，销售额最大化，就是单价与销量乘积的最大化。是厚利少销还是薄利多销，定价不同，经营状况也就会有很大的不同。

有时，定价失误便无法挽回。一方面，定价太低，再削减经费仍然挤不出利润；另一方面，定价过高，库存堆积如山，资金周转会发生困难。

经营企业定价如此重要，最终应由经营者亲自决定。每个产品的定价都是经营的大事。这一观点在京瓷已经深入人心，这对库存评价、收支管理系统，以及对京瓷的会计原则都有深刻影响。

● 夜间面条摊贩的经营

我常以夜间叫卖面条的摊贩为例，向公司干部讲解定价的智慧和如何努力削减费用。我常常考虑，为了培养经营者，用一个极端的方法，让他们拉着卖面条的车，在街头叫卖，或许是最有效的实习方法。

拿5万日元做本钱，送他们去实地训练："暂时不用到公司上班，借给你一台面条车，花一个月，每晚在京都某处卖面条，一个月后这5万日元变成了多少，就是你的成绩。"

首先遇到的问题是进货。先要买进面条，可以去制面厂买，也可以买超市里的生面，还可以买干面，煮熟了卖。

其次是汤料，要做出好味道，汤料很关键，可以买很贵的鲣鱼干，也有人去削鲣鱼干的地方买鱼屑。做出同样美味的汤底，所找窍门不同，成本就不同。为做出价廉物美的面条，需要动脑筋想办法。

作为作料的"鱼糕"、"炸豆腐"、"葱"也有讲究，可去超市买，也可从工厂、农户直接进货。单单原材料进货就有各种各样的办法。

最重要的还是定价。有卖300日元一碗的，也有卖500日元一碗的。价格便宜可以多卖，但却赚不到钱。一定得找出让顾客满意的最高价格。

做这样一个摊贩也有许多选择。即便一个晚上的差距不大，一年下来差别就会很大。有人可能从摊贩发展为颇具规模的加盟连锁店，有人拉了几十年面条车仍一无所有。不是那宗生意本身的好坏，而是商人能否把生意做成功。做到正确定价，把销售额最大化，然后努力做到经费最小化，这就行了。

企业会计必须为经营者提供方便，让经营者能更有效地追求“销售最大化、费用最小化”这一经营原则，而且把其成果清楚地展示出来。这一观点贯穿于京瓷会计系统之中，这一思想在京瓷会计系统的“核算制度”中以直接的形式明白地表现出来（参照后述第一部第六章“提高核算效益的原则”）。

• 不懂会计不能成为真正的经营者

我们周围的世界看似复杂，其实本质上很简单，它遵循一定的原理原则。但这种简单的本质投影于现象界，反映出来就显得很复杂。企业经营也一样，在会计领域，看起来非常复杂的企业经营状况，如果用数据极为单纯地表达出来，就会清晰地反映出真实的状态。

如果把经营比喻为驾驶飞机，会计数据就相当于驾驶舱仪表上的数字，机长相当于经营者，仪表必须把时时刻刻变化着的飞机的高度、速度、姿势、方向正确及时地告诉机长。如果没有仪表，就不知道飞机现在所在的位置，就无法驾驶飞机。

所以会计不能仅仅在事后反映经营的结果，无论结算处理得多么正确，如果不能及时报告，经营者就无法下手协调经营。会计数据如果不能简洁并即时表达企业当前的经营状况，对于经营者来说就没有任何意义。

急速发展的中小企业突然破产就是例证。因为它们缺乏迅速、明确反映企业实际情况的会计制度，只会作笼统账，以至于导致经营判断错误，最终资金周转不灵，走进死胡同。

中小企业要健康发展，必须构筑能够一目了然地反映经营状况、彻底贯彻经营者意志的会计系统。京瓷之所以能够快速开展事业，就是因为很早就构筑了这样的会计系统，并依靠这个系统开展经营。

为此，经营者自己必须懂会计，不能充分理解仪表盘上数字的意义，就不能说是一个真正的经营者。经营者看到财务部门提交的结算报表，就要从中听出比如收益难于提升的呻吟之声、遭受削减的自由资金的哭泣之声。

从京瓷公司规模尚小的时候开始，我就要求各个部门都作月度结算资料。不论在公司还是出差，我都在第一时间审阅各部门的详细资料。看到某部门销售、费用的具体内容，就像看故事一样明白了该部门的实况，脑海中浮现出该部门负责人的相貌，“那样乱花钱”、“材料费占销售额比率太大”，经营上的问题也就自然浮现。

这么用心地看月度结算，当去工厂经过有问题的现场时，马上就会想起“这里上个月是这样的”，当场就可以指出问题所在。该处负责人按我的指示采取相应的对策，改进后的数字在下一个月的结算表上马上就会反映出来。这样，公司整体的业绩也会变得更好。

按常识，月度结算表等财务报表，财务部门都按照规定的格式制作，但这对经营者没有什么帮助。经营者要亲自认真经营公司，就必须改进会计资料的制作方法，使它对经营真正有用。为此，经营者对会计要充分理解，让结算表能够清晰地表达经营状况和存在的问题。经营者懂会计，平时就能指导财务人员。只有经过这样的努力，经营者才能实现真正意义上的经营。

第一部分

直接为经营服务的会计学

实践的基本原则

第一部分阐述七项基本原则，这是实践直接为经营服务的会计学所必需的。

第一章

以现金为基础的经营

现金流经营原则

本章阐述“以现金为基础的经营”，意思就是把焦点放在现金的流动上，依据事物的本质，实事求是地经营企业。会计为企业经营服务，就必须以现金为基础，这是我的会计学的第一项基本原则。

收支计算并不需要高深的会计学知识，人人都可以自然领会。生产产品，卖给客户，收钱。从中支付各项费用。利润就是支付了所有费用后剩余的钱。这谁都明白吧。

会计产生于中世纪意大利商人在地中海的贸易。一次航海结束后，从收入中扣除所有的费用，将剩下的利润进行分配。就是说，现金收支的计算就是盈亏的计算。

但是，在现代企业里，连续的商业活动需要区分时间，以年度为单位，每年结算一次。在近代会计中，当收入和支出的事实发生时，就算有了收益和费用，由此计算一年的利润。这叫做“发生主义”的会计方法。采用这种方法，就出现了收支钱款的时间与成为收益和费用的时间不相吻合的现象。其结果，结算表上显示的盈亏数字和实际的现金流动脱节，对经营者而言，会计就变得很费解。而且，随着社会发展，社会制度和商务活动越来越复杂，会计也跟着复杂化了。根据什么事实发生了收益和费用，这也成了难题。

因此，应该回归会计的原点，关注原本最重要的“现金”，以此为基础进行正确的经营判断。在这一章里，就以现金为基础的经营这个题目，阐述我的观点。

一、赚到的钱哪里去了

经营者没有余暇仔细地学习会计学，对于他们来说，经济越发展、越复杂，结算的内容就越发难以把握。到月末或期末，经过相当的时日，结算表才做出来，看结算表，听财务人员解释各种会计数据，这才了解自己的公司赚了多少钱。这种情况相当普遍。

很久以前，我也曾经向做完期末结算报告的财务部长发问："赚到的钱哪里去了？"他回答说："利润变成了应收账款、库存品、设备等各种形态，不能简单明了地说在哪里。"

我又追问："要从利润中分红，分红的钱在哪里？"财务部长回答说利润不是手头的现金，分红的资金准备从银行借贷。

我觉得很奇怪，"分红的钱没有，要特意去银行借。这能说赚钱了吗？"财务部长却说："是的，那也叫赚了钱。"

这样的争论没有结果，于是我要求他把盈亏数字和实际现金的流动结合起来做出说明。财务部长按照资产负债表的各项科目，制作了说明资金来源和用途的资金运用表，解释从当期利润和折旧而来的资金具体的分布情况。我这才弄明白，只按收支构成的会计所体现不出的固定资产、盘点库存资产、应收票据、应收款等各种记账科目都反映在了资产负债表上。

辛辛苦苦做出了利润，却不能如愿用于新设备投资，如果应收款和库存增加，现金就被吸走，归还贷款后现金就没了。这时我感到经营企业一定要把握“赚的钱在哪儿、以什么形式存在”。

现在的京瓷以美国的标准做统一的结算报表。根据美国会计标准的发展，资金运用表近年演变成“现金流量表”，如表1-1，清楚地表示了利润和现金增减之间的关系。

表 1-1　统一现金流量表（例）

（单位：100 万日元）

摘要 \ 日期	1997 年 3 月期（1996 年 4 月 1 日至 1997 年 3 月 31 日）	
	金额	
一、营业活动现金流量		
1. 本期纯利润		45 650

摘要 \ 日期	1997年3月期（1996年4月1日至1997年3月31日）	
	金额	
2. 由营业活动增加的纯现金调整		
（1）折旧费及偿还费	41 294	
（2）坏账准备金	Δ151	
……	……	
（12）资产及负债的纯增长		
• 应收账款的（Δ增加）减少	1 578	
• 盘点库存资产的（Δ增加）减少	2 633	
• 应付账款的增加	1 597	
• 未付法人税等的增加（Δ减少）	Δ29 569	
……	……	
（13）其他	7 028	38 227
由营业活动调度的纯现金		83 877
二、投资活动现金流量		
1. 购入可变卖有价证券		Δ131 605
2. 投资及长期贷款		Δ8 906
3. 变卖及偿还可变卖有价证券		124 583
4. 购入有形固定资产支付额		Δ45 773
……		……
9. 其他		1 434
用于投资活动的纯现金		Δ59 529
三、财务活动现金流量		
1. 短期债务的增加（Δ减少）		Δ1 334
2. 长期债务的筹措		1 862
3. 长期债务的偿还		Δ1 737
4. 支付分红		Δ13 047

摘要 \ 日期	1997 年 3 月期（1996 年 4 月 1 日至 1997 年 3 月 31 日）	
	金额	
5. 其他		△126
用于财务活动的纯现金		△14 382
四、汇率变动对现金及现金等价物的影响额		6 133
五、现金及现金等价物纯增加额		16 099
六、现金及现金等价物期初余额		168 285
七、现金及现金等价物期末余额		184 384

在这份计算表中，销售活动所得现金和投资活动、财务活动所发生的现金增减合并计算。根据这一计算表就能明确掌握现金及其等价物合并计算的“现金”总额。京瓷从 1990 年开始就实施了这种美国式“现金”会计报告。

二、是资产还是费用——叫卖香蕉的启示

由于收益与费用从现金流动中脱离出来，现代简练的会计手法才发展起来，但归根结底经营仍需要回到原点，即在现金基础上思考。

比如，某件物品是作为资产记账，还是作为费用处理，经营上会因此出现很大差异。我曾向财务部长讲过下面一个故事。

这是一个极端的例子。比如在街头叫卖香蕉。先从水果市场购进一箱香蕉，再到车站前叫卖。到附近的菜铺说“请给我一只苹果箱”，结果花 300 日元买了一只空苹果箱。还需要一块大的布盖在苹果箱上，于是又在隔壁的杂货店花 1 000 日元买了布。没有棍棒就不能敲击助势，于是又花 200 日元买了根棍子。这样，做生意的道具就算齐全了。

香蕉一把 50 日元，买进 20 把，以每把 150 日元卖出，每把应赚 100 日元，假定运气不错，到傍晚时全部卖完。

销售额 3 000 日元，进货成本 1 000 日元，应该净赚 2 000 日元，但结账时却没有那么多钱。苹果箱300 日元，布 1 000 日元，棍子200 日元，一共付了 1 500 日元，手头只剩下500 日元。

假设这时税务所的人来了，说："你赚了 2 000 日元，其中一半 1 000 日元要交税。"手头只有500 日元，怎么要交 1 000 日元的税？税务所的人答道："苹果箱、布、棍子都是资产"，"1 500 日元资产和500 日元现金加起来 2 000 日元，所以要交 1 000 日元的税"。

税务所的人说苹果箱属优质资产，但因为明天要转移场所售卖，箱子只能丢弃。如果请菜铺回购苹果箱，他们就说："不要钱就留下。"至于布，因为是刚买的崭新的布才让香蕉显得好吃而卖光。总之，苹果箱、布、棍子作为资产毫无价值。

一种东西，是作为费用还是作为资产，在会计上有很大差异，这个例子简单明白地说明了这一点。在实际中，固定资产除土地外都可以折旧，低值物品可以作为费用处理，这在税法上也是允许的。

总之，为卖香蕉而购进的道具都是一次性的，都属于费用，支付了 2 500 日元才得到了 3 000 日元的收入，剩下500 日元，作为手头上的资金而存在，从中扣除税金，剩余的可以自由支配。但如果说“1 500 日元买的道具都是资产，所以共计赚了 2 000 日元”，如果要挪用500 日元以上，资金周转马上就会产生问题。因此有关支出不能作为资产而应作为费用要尽快处理。

话虽然这么说，如果经营者总是担心已花的钱何时才能在会计上作为费用处理，经营就会变得很困难。这样看来，不管数字上显示出了多少利润，到头来能放心使用的只有手头的现金。就是说，可以用于企业发展、新设备投资的，只有作为自己的东西可以使用的现金。

正如前面所述，清楚地掌握赚到的钱在哪里，以什么形式存在，这是经营的基本。可是，看到财务人员花了许多时日才做出来的结算表，方才明白钱在哪里，这就称不上“以现金为基础的经营”。对已经过去的事实，已来不及采取对策。经营归根到底是“即时对应”，是与眼前的事实交锋。

通常，财务人员要花好几天才能把结算表做出来。在这过程中，各种评价、判断对利润的数字有很大影响，比如，对盘点资产评价方法不同，利润的金额大小会有很大不同。但是，现在手头的现金，却可以在每一个瞬间都确切地掌握，如果不能随时掌握自己手头可以自由支配的现金，那么在快速变化的经营环境中就无法正确地掌握经营之舵。

因此，不要等待通过各种会计程序计算出的纸上的“利润”，而是根据手上确凿无疑的现金来执掌经营之舵。当然，作为现实的问题，结算利润也极为重要，它表达了企业活动的成果。给股东分红，也要根据日本“商法”上的“可分配利润”。从这个意义上讲，今后也不能忽视结算利润。

这样的话，就需要尽量消除夹在会计上的利润和手头上的现金之间的东西。我的会计学依据这一观点，不是从会计上的利润出发考虑现金流量，而是把经营如何“以现金为基础”放在中心位置。

三、在土表正中相扑

整天为钱发愁就做不好工作，为此，资金周转一定要留有余地。有这样一种人，因为票据没有贴现便四处奔走筹款，总算贴现了，就自以为经营很有本事。但总是为紧急筹款而奔走不停，像自行车一样一停就会倒下，就不能称为真正的经营。这样做至多不过是把亏本经营挽回到收支平衡、不盈不亏的状态。

京瓷创业后不久，我有了一次听松下幸之助讲演的机会。他讲演的题目是“水库式经营”。幸之助说，经营企业，要像修筑水库使河流保持一定的水流量一样，推进事业时要留有余裕。在讲演结束后答疑时，听众中一人问道：“具体该怎么做，经营才能有余裕呢？”

幸之助答道：“我也不晓得答案，但经营要有余裕，你必须那么去想。”听到这个答复大家都笑了，但他这话却深深地打动了我的心。

想要做成某件事，首先必须在心底里有强烈的愿望。“虽然想要做，但现实不可能”，这种消极的想法哪怕只有稍许，你就什么也做不成。“无论如何也要干，也要达成”，经营者需要这种坚强的意志。

和水库式经营一样，“在土表正中相扑”，这句话我也经常使用。不是被逼到土表边缘时，而是在有回转余地的正中央就要竭尽全力。

被逼到土表边缘才迫不得已出招发力，或因用力过猛，自己的脚先出到土表外，反胜为败，被判为输。与其如此，不如在土表正中时，就使出招数，以被逼到边缘时同样的紧张感决一胜负。这句话用到财务上，就是“早作努力，不要到头来整天为筹钱而担心，要创造安心工作的条件”。正因为有这种强烈的愿望，京瓷很早就做到了无债经营。

世上有很多经营者认为，靠银行贷款来快速扩张事业是个好办法。但看看近来的借贷难吧，人们说银行是“晴天借伞与人，雨天反而收伞”。银行好像很势利，但收不回贷款，银行自己的经营也难以为继。所以，下雨天，借来的伞要被收回去也是理所当然。企业任何时候都要靠自己的力量保证自己不挨雨淋。就是说，企业经营也要像“在土表正中相扑”一样，平日里就要竭尽全力。

现代社会技术革新日新月异，很短时间内，事业环境就可能发生巨大变化。在这样的背景下推进事业，或许被迫投入超过预算的庞大资金，用于研究开发和新设备投资。在这种情况下，经营者同时还要保障员工的生活和股东的利益。

但是，如果缺乏充足的资金，就会被上述问题逼得焦头烂额，没有精力为将来的发展从容筹谋。因此，企业必须具备充裕的自有资金，经营者才能根据需要加以使用。为达此目的，企业除了积累雄厚的内部留存外别无他法。就是说必须提高企业的自有资本的比例，这是衡量企业稳定性的重要指标。

与欧美企业相比，日本企业大多选择向银行借贷的方式经营企业。不是累积自己的利润，以自己的钱来经营，而是首先考虑向银行借钱。他们认为，与其获利后交税和分红，借钱付利息反而能节税，这样做好处多。

但是，以借贷方式筹措资金，直接受到市场利率、资金供需变动以及政府、金融机构政策方针的影响。为开拓新事业或扩大生产设备的投资，往往因为这些影响而错失良机。同时，因为要顾及或担心债权银行的意向，往往对于全新事业的投资难于实施。

向银行借钱时必须做好还款计划，当然还款时除本金外还要加上利息。

另一方面，企业可以从事业活动中直接还债的资金有两大来源，一是税后利润，二是会计上作为费用但实际上作为现金留在手头的折旧费。因此，要安全经营企业，就应该在折旧加上税后利润能偿还的范围内进行设备投资。

我不喜欢借钱，借了就想尽早还掉，所以京瓷从很早开始，就提升了自有资本的比率。具体如图 1-1 所示，创业后第十五年，自有资本占总资产的比率已提高到将近百分之七十。

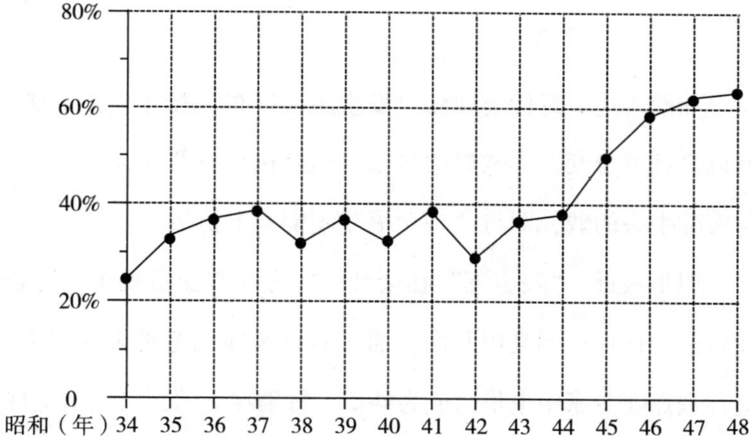

注：昭和 34 年即 1959 年，依此类推。

图 1-1　京瓷固有资本比例推移（创业后 15 年间）

我认为，这是积累自有资金，并以此为基础，进一步创造更多的自有资金，实施“以现金为基础的经营”所带来的结果。

四、账面盈利却缺钱，有账无钱

如前所述，近代会计在“发生主义”的基础上发展起来，所以会计本身变得非常繁琐复杂。但是由此计算出来的利润，与实际手头的钱，即与“现金流”不能马上衔接。

但是最近，“现金流”在会计学中也非常受重视了。对企业价值的评价，不是用利润，而是看将来能创造现金的能力。这种观点在专家中也早已成为共识。特别在美国，已经明确规定，把“现金流量表”与资产负债表、损益表并列，构成正式结算报告，必须包含在结算报告书里面。

经营者应该欢迎这个趋向，这与我的会计学正好相通。但是，现在这个“现金流”，是根据“发生主义”计算出的利润，是调整折旧费等不伴随现金流动的项目后算出来的。而我所说的“以现金为基础的经营”，意思是经营本身要做到将“现金”与“利润”直接挂钩。

我经常使用“账面盈利却缺钱”这句话来强调以现金为

基础经营企业的重要性。每年结算时账面上有利润，但实际上资金不足，资金周转困难，这样的企业很多。这就不是“以现金为基础的经营”，而只是“以结算利润为基础”经营企业的结果。

会计专家们或许认为：“有多少利润就该有多少现金，持这种观点的人是会计学的外行”。但是，从本来意义上讲，“现金”最大的源泉就是企业活动所获得的利润。因此，如果会计学只是为了计算出与“现金”完全脱离的“结算利润”，那么它就是无用的学问，在实际经营中无法应用。

赚到的钱哪里去了？经营者每次看结算报表时都要在心里追问这个重要的问题。

第二章

贯彻“一一对应原则”

——对应的原则

本章所述“一一对应”，与前章所述“以现金为基础的经营”并列，是贯穿于我的会计学的基本原则。“一一对应原则”，不仅作为会计处理的方法必须被严格遵守，而且它还规范了企业及其员工们的行为，在实现玻璃般透明的经营上发挥着重要作用，无论从内部看还是从外部看，企业及员工都不能有舞弊的行为。

一、钱、物的流动与票据相对应

在经营活动中必然有钱、物的流动，这时必须保证钱、物与票据的一一对应。这个原则我称之为“一一对应原则”。

乍看这似乎理所当然。但现实中出于种种理由，以至于这一条却不能落实。比如，票据先行处理了，物品却是后来才到的。或者相反，东西到了，票据却要到第二天才开。这种做法即使在一流企业也频繁发生。如果允许这样的“票据操作”乃至“账外处理”存在，哪怕是一丝一毫，就都意味着数字不过是一种权宜、可以任意改变。说得极端一点，在这种情况下，企业的结算表就失去了信用。

实际上，我们常常听到这样的事例，迫于期末结算的压力，不得不虚报销售额。比如打电话给客户说：“这期的销售额怎么也上不去，我们将开出一张如此如此内容的 10 亿日元的销售票据，到下期你们尽早作退货处理，回复到原状。拜托你们配合。”与客户串通，开具虚假发票，让期末的销售额看来不错。这样的事情哪怕只有一次，也会让员工的良心麻木，认为数字可以随意操作，甚至认为这种操作是理所当然的。

其结果，公司管理成了形式，组织的道德水准大幅下滑。如果数字可以弄虚作假，员工就不会再认真工作。这样的公司不可能顺利发展。

所谓“一一对应原则”，它的意义就在于防止这类情形出现，即时确认所发生的一切事实，将它们置于玻璃般透明的管理之下。在公司内彻底贯彻“一一对应原则”，使任何人不能在数字上作假，票据单独流动，或物品单独流动的现象就不会发生。物品流动必然开票，用票据加以确认。这样做，数字就只能如实地反映事实。

“一一对应”的要谛，就是“彻底地”贯彻原则，构建一个玻璃般透明的系统，使隐蔽或模糊事实的企图变得不可能。从公司领导到下面所有的员工都遵守“一一对应原则”，就能防止舞弊，提高公司的道德水准，增强每位员工对公司的信任度。

这样做还有一个好处：一张张票据上的数字累加起来，就成为公司整体的数据，依照它做出的结算报表就真实地反映了公司的整体状况。因此，“一一对应原则”看起来只是一种非常原始、非常简单的管理方法，但如果彻底予以贯彻，就能够提高公司的道德水准，同时做到让公司内的所有数字都真实可靠、值得信赖。

二、在美国的经验——销售与进货相对应

京瓷创建后第三年即1962年，我第一次去美国。当时的日本，精密陶瓷的市场很小，我极想把自家的产品卖到美国去。在那里，最尖端的电子和半导体产业的发展方兴未艾。最初竭尽辛劳却拿不到任何订单，到1968年，我们在加利福尼亚的桑尼维尔设立了事务所，开始做营销工作。那附近的硅谷后来成了半导体产业的发祥地。当时我派遣一直在公司本部担任贸易部长、海外经验丰富的上西先生，加上一名刚进公司的年轻员工，赴美国长驻。

当时的这位新员工就是现在的专务董事梅村。上西一口英语很流利，但不懂会计。梅村出身于理工科，既不会讲英语，也没有会计知识。于是，在建立桑尼维尔事务所时，委托在旧金山的日裔第二代的注册会计师指导财务工作。梅村负责处理票据，他学得不顺利，很辛苦。

那时，我也不太懂会计。去美国出差时，我曾邀约梅村一

起去斯坦福尼亚大学图书馆学习财务。斯坦福尼亚大学图书馆位于旧金山市郊外，在那里我们看到一个有趣的现象：那里不仅陈列着难读的专业书籍，还有教授蔬菜店店主记账方法的通俗读物。当时我想，美国果然是一个讲究实学实用的国家。现在我还记得我们俩从基础开始自学会计的情形。

很幸运，美国的业务不久便顺利展开。正好硅谷半导体产业处于兴盛期，我们接到了美国快捷公司的大量订单。这家公司是当时美国最大的半导体厂家，后来又成为半导体产业发展的母体。从营销活动、发订单、交货管理，到财务会计，梅村一个人处理得井井有条，他像超人一样工作。

事务所发展成了当地法人，我很快又去了美国。梅村兴奋地对我说："社长，公司进展顺利，上西先生也很高兴。"看半年期的报表，销售额、利润确实都增长了，但月度结算却很不平衡，有时赤字很大，有时盈利很多。

我问道："出现这种情况不正常吧，我不是说要一一对应吗？这个月卖这么多有这么大的赤字，下个月销售额相同，却有这么大的盈利，这不奇怪吗？究竟是怎么回事？"

但梅村却说："我们是按注册会计师的意见做的，结果确实如此。"我觉得很荒唐，于是核查了具体内容，不出所料，"一一对应原则"并没有实行。

实际的处理过程是这样的：在客户快捷公司的催促下，产品从日本空运到旧金山机场，即刻由中介业者卸货、通关，送到桑尼维尔事务所。由于快捷公司紧急催货：“快送货，立即要用。”梅村便急忙送去，当场开出销售票据。

但是从日本京瓷发给桑尼维尔当地法人的出货凭证“装箱单”却要经由银行推迟一个星期后才能到达美国。到时梅村才能据此计算进货成本。于是，他在美国卖出的产品只有销售发票而来不及开进货发票，所以凡是月底从日本大批进货后送交客户，报表上就出现大幅利润，一星期后一开进货发票，又出现大幅赤字。这样，月度盈亏波动就很大。我指出这个问题，梅村却说：“无论怎么说，经由银行的装箱单不到，付款额不确定就不能记入进货成本。”

他说得不错，但“一一对应原则”却必须遵守。为此，进货时一定要开进货票据，作为对京瓷的应付款记入成本。到经由银行的装箱单来了之后，再和进货发票对冲，将应付款转为应付银行债务。就这两点，我向梅村作了具体的指示。

表面上看来，每项交易似乎都依据事实处理，但因为销售和进货没有一一对应，就出现了以上的情形，利润和销售额不对应，每个月都起伏波动。无论会计如何努力工作，如果不依据一一对应原则作月度结算，就会出现错误的数据，据此作经营判断，就有可能将公司导向错误的方向。

三、美国当地法人的会计审核

有关京瓷在美国的会计事宜，有如下一则逸事。

京瓷在准备股票上市时，为了获取对财务报表的审核证明书，我们请人介绍注册会计师宫村久治先生。

我正要去拜访宫村先生，他倒先来电话："虽然受到贵方的委托，但我要看看你是怎样的经营者，才能决定是否接受委托。并不是交钱请我审计，我就来者不拒。你委托我，我很荣幸。但接受还是不接受，要看了委托人的人品才能决定。"

待见面后，他的话就更苛刻："有的经营者会对审计师说：'这么一点就不要计较了，这样妥协一下不就行了吗？不要太死板了。'""我绝不和这种人合作。经营者必须光明正大，经营者如果不以正确的方式做正确的事，我就不接受他的委托。你能同意我的观点吗？"

我马上表示同意："好！我的人生观与你相同，你的想法正合我意。"

不料他又说道：“这种漂亮话每个人都会说。现在公司形势好，当然会这么说，当经营遭遇困难，状况不好时，肯定要我出主意、想办法。人都这样，顺利时都正大光明，也不发牢骚。但在企业情况不佳时，能不能依然光明正大，我必须看透这一点。”

“我保证做到这一点。不只是顺利时说漂亮话，在困难时也会坚持公正公平，我信守原则，请相信我。”

这位会计师真是够顽固的。但你来我往，交锋到最后，他终于说：“既然你说得如此诚恳，我就接受委托吧。”他同意做我们的审计师了。

但直到京瓷决定上市时，这位宫村先生还是不放心，他唠叨说：“一个风险企业，这么快就要上市，公司内部的管理系统没有整合好，公司各个方面肯定会有各种问题。何况经营者是理工科出身的技术人员，财务一窍不通，这样的人急着扩展业务，还到海外办公司……”

他最初的工作是监察我们公司的内部管理。他首先选择我们关注不及的海外分公司。他特地前往前述加利福尼亚的桑尼维尔京瓷分公司。到那儿一看，梅村也是理工科出身，连英语也说不好，却从营销到财务单肩独挑。宫村先生心想，这里一定问题不少。

然而他一查，所有票据都按“一一对应原则”处理。打开存放现金存款的小保险柜，将现金和账簿对照，分文不差。宫村先生从此对京瓷的会计系统刮目相看。

问题的关键在于，“一一对应原则”究竟是做到了，还是没做到。我们这个美国当地企业，一直严格遵守“一一对应原则”，从没发生过财务上的问题。此后，这个企业把据点扩展到美国各地，现今员工已达 2 000 人，年销售额已超过 7 亿美元。

四、应收货款和应付货款的冲抵

大型制造企业的组织往往被分割成各种事业部，由各事业部分别向供应商发出零部件订单。这时，应付货款的管理集中在总公司的财务部门，针对各事业部的采购金额，财务人员汇总后，向供应商支付货款。

京瓷的交易条件，根据对方公司的情况不同而不同。有的公司在我们向他们交货、他们验收后的那个月月底结账，于第二个月以九十日的支票付款。很久以前发生过这么一件事，有一家客户提出：“出于资金方面的原因，我们希望调整付款方式。”他们的具体要求是：“这个月应该支付给京瓷的应付货款是 5 000 万日元，但因资金周转困难，想先付 2 000 万。”

当时我追问：“这笔钱是哪批货的货款？”“这 2 000 万是暂付款，还是交给某个事业部的货款？除非交给 A 事业部是这批货物的货款，交给 B 事业部是那批货物的货款，加起来正好是 2 000 万日元，今天付款。如果不分清楚，我们无法受理。如果不这么做，我们就无法与公司的应收货款一一对应冲抵，公司的账就不好做。”

回收应收货款时，要分清这笔款项是这批货物的货款，那笔款项是那批货物的货款，这样才能冲抵。总数 2 000 万这个笼统数字无法对应冲抵。不仅是出货，对方的付款也须一一对应，否则就不能做正确的财务处理。

同时，支付应付货款也要一一对应，正确处理：“某月某日购进的这批货物的货款，现在支付。”总数几百万日元的货款笼统支付是不行的。总之，不管付款还是收款，都要一一对应，这样才能做出可靠的会计资料。

五、“一一对应”和道德

“一一对应”必须在企业活动的每个瞬间都予以贯彻。出货给客户时，必须开出货单，计算销售额，然后作为应收货款进行管理，一直跟踪到收回货款为止。委托运输业者送货，或者销售人员直接给客户送货上门，手续都一样。

京瓷创业之初，有许多客户是企业的研究所或公共研究机构。那些研究人员对我们提出要求：“想做这项实验，希望用新型陶瓷做这样的零件。”我们根据客户要求做过各种各样的产品，虽然都约定了交货期，但依据客户的实验进度，客户往往急着提前要货：“不管做好多少，做好的先拿来再说。”这时销售人员匆匆忙忙将产品送去，放下后就回来。

按规定，产品移动，必须“一一对应”，随之开出票据。但客户说：“十万火急，半夜也行，先送来再说。”拿起还在生产车间的产品就赶过去，因为是半夜，无法按规定办理手续，虽然想着“明天再开票”，但因为繁忙而忘记了。一到月底，制造部门就会追问："那产品怎么处理的？什么时候记入销售额？"销售人员慌忙赶到客户处，可客户却弄不清这产品用到哪里去了，确认不了。结果开出的票据无法处理，货款也拿不到。这样的情况经常发生，这在主张客户第一的企业里司空见惯。但我认为，满足客户的需求和正确的财务管理完全是两回事，这两件事都必须做好做彻底。必须建立这样的机制：不管什么情况，凡是物品流动，都要一一对应，开具票据。

伴随物品流动、金钱流动的事实，全部要一一对应，开出票据，按照正规的渠道做正确的处理。这件事似乎单纯至极，但它对保证企业健康运行具有重大意义。这一点，只要看看这些年来层出不穷的企业违规、舞弊丑闻，就不难理解了。

第三章

彻底地实行筋肉坚实的经营

筋肉坚实的经营原则

企业的发展必须长期持续。为此，如果把企业比喻为人体，那么，人体各个部分都要血脉通畅，而且肌肉结实，充满活力。就是说，经营者必须塑造一个没有赘肉的、筋肉坚实的企业。我用“彻底地实行筋肉坚实的经营”这句话来表达。这是我的会计学的精髓。

比如公司股票一旦上市，就会催生一种意识，即设法让股民看好这个公司，以便维持高股价。受这种欲望的驱使，利润要可观，一切方面都要给人好印象。但追求表面的繁荣，必然增添赘肉，加重不必要的负担。

不管是谁，只要是人，多多少少，都有让人看好自己的愿望。作为经营者，如果这样的虚荣心太强，就会粉饰企业，结果就会把企业弄成满身赘肉。如果要塑造一个本质上强壮的企业，经营者就必须具备坚强的意志，借以克服如下的诱惑：把自己和企业打扮得比实际情况更好看。

一、使用二手设备降低生产成本

京瓷创立初期，资金不足，凡事节俭。办公室的桌椅不买新品，而是到旧货店，从堆积如山的二手货中淘回便宜的不锈钢家具。新员工进来，也只买二手桌椅。别的公司搬家，往往将一直使用的东西廉价处理，卖出的价格只有新品的几分之一。

购买制造设备我也秉承同样的宗旨。现场的技术人员总想引进新设备，我却总是坚持："机械设备，如果二手货顶用，就用二手货。"即使有性能优良的新机器，也不允许轻易购买。我总是教育部下，要千方百计钻研改进，把现有设备用好。

创业后不久，我初次出访美国，并有机会参观作为竞争对手的美国陶瓷企业。那里整整齐齐排列着最新的德国制造的先进冲压机械，机械的运动富有节奏感。当时的京瓷却使用自己设计的土设备，操作起来十分费力。

观看最先进的工厂，德国制高速度、高性能设备令人惊叹。但当我询问“一台机器要多少钱”时，车间主任说了一个让我目瞪口呆的价格。这时我立即思索：“这么昂贵的机器，一分钟究竟能生产出几个产品呢？京瓷用自制的土设备效率是它的一半，价格只是它的几十分之一，从设备的投资总额和投资效率来比较，京瓷的自制设备更划算，可以胜过他们。”

一般人们不会做这样的计算，看到最新式的机械运行流畅，就想尽快引进，迎头赶上。进行这样的设备投资，一定可以提高生产效率，而且可以获得使用尖端技术的满足感。但是，实际上，这么做经营效率未必能够提升。这种追求虚荣的、过度的设备投资，如果反复进行，反而会弱化经营体质，也不能让有限的经营资源得到有效的利用。

二、坚持健全会计——陶瓷石块论

京瓷的精密陶瓷产品，在创业初期，都是按客户的订单生产的。比如，客户说电视机显像管绝缘部分需要这种形状的绝缘零件，我们就会同客户的工程师协商，决定材质和外形，在此基础上再生产产品。这种陶瓷零件用于电视机所需的显像管，这过程中创造了新的价值，给我们、给客户都带来了利润。

但因为是陶瓷，一旦烧制出来，就不能再改变它的形状，即使在加工过程中要修改也几乎不可能。由此产生的问题是：库存产品的价值如何评价？比如，客户的订单是 10 000 个，但考虑到成品率以及追加订货时的交货期等问题，生产了 12 000 个，10 000 个交给客户，剩下的 2 000 个作为公司的库存。假设一个是 100 日元，那么账上就会记上 200 000 日元的库存。

但是，如果客户以后不再生产这种型号的机种，那么这批库存就变得毫无价值。但账上仍有这笔库存，是当作资产处理的。这剩余的 2 000 个实际上已经没有价值，却把它认作资产，这就脱离了现实。尽管制造过程中花费了成本，尽管它是“合格品”，但作为陶瓷零件，这批货物已经没有用处，已等同于路边的“石块”。

根据这种观点，我们就把这样的库存的价值评估为零，但当税务调查时却成了问题：“这批库存为什么评价为零？既然卖价是 100 日元，成本就是 50 日元，应该用成本记账。”

“但是，这些产品已卖不出去了，可以丢弃了。”

“丢弃当然可以，但在丢弃之前还是资产啊！”

税务署说可以丢弃，但就这么丢掉又感到有几分可惜，而搁在那里就要被看作资产。

“那么，先将‘无用’的库存视为零，如果能卖出，到时再交税金总可以吧。”

“那不行。不是说卖掉后再交税，既然是资产，相应的收益增加，就要收税。”

不知道什么时候能卖出去，或许根本卖不出去的东西却要被作为资产计税，这与合理的、健全的会计原则相矛盾，会削弱企业的体质。没办法，我们只能把估计目前卖不出去的陶瓷零件真的当“石块”丢弃。为了建立筋肉坚实的企业，不能拥有不良资产。这就是我所说的会计学上的“陶瓷石块论”

的意思。

生产厂家，特别是订单生产，包括 OEM（贴对方牌子的受托生产），最容易发生这样的问题。比如接到了三台机床的订单，为了防止生产过程中出问题，订购了四套机床的零部件。运气很好，装配出的三台机床都是合格品。但是这样，剩余的一套零部件就成了库存。这种机床是按照这位客户的特殊要求做的，自然无法卖给别的客户，而且这位客户何时再来订单根本不知道。在这种情况下，剩余的那套零部件不能一直保存，尽可能评估为零，从账上消除。

采用库存销售的厂家，以及从事批发、零售的流通行业，或多或少，都会出现进货卖剩的情况，一般在盘点时都用进货时的价格评价库存。而且，经营者实际上并不亲自去盘点，而由有关员工去清点。这样，就会有长期没卖出的、今后也卖不出的东西，蒙着灰尘被搁在仓库里，而且多次被盘点。就是说，已经毫无价值的东西却被作为财产放着，作为资产处理。结果账面上利润却是增加的，就要交纳不必要的税金。

因此，盘点工作不应只委托别人，经营者自己也应该去做，亲眼看，亲手摸，与有关人员一起到仓库检查巡视，指示员工："这东西三年了都没卖掉，扔掉吧。"这样认真对待、认真处理，使公司资产货真价实，不含水分，这就是"陶瓷石块论"的真实含义。

这样做，对健康地经营企业非常重要。但是，即使最初大家都想清除不良资产，但临近结算时，又想把公司业绩做得漂亮一点，让人看起来舒服。为这种冲动所驱使，就把卖不动的东西作为资产计算。虽然这还说不上是有意粉饰结算，但是，我们绝不能为了公司和自己的面子，在诱惑面前败退。为此，经营者一定要具备严格律己的、坚定的经营哲学。

三、警惕固定费用的增加

设备投资导致折旧这种固定费用的增加。同时，人工费占了固定费用的大部分。正式工增加，固定费就会相应增加。特别是间接部门一不注意就容易增加人员。

因此，为了实行筋肉坚实的经营，不仅要降低与生产量相关的原材料费等变动费用，而且要尽量降低固定费用，借此提高利润率。正如图 3-1 所示，尽可能减少总费用，由此把盈亏平衡点降下来，这样做的结果，利润就能增加。

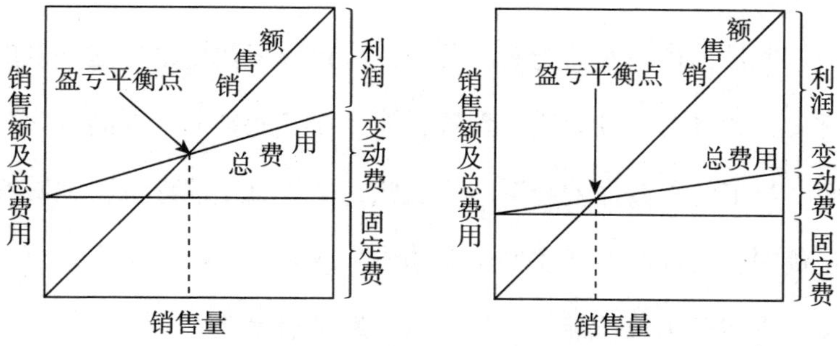

图 3-1　固定费、变动费的削减和利润的关系

以前面提到的德国制高价冲压设备为例，当时我们公司自制的土设备价格只有它的几十分之一，相应的固定费用就很少。加上当时日本的人工费比德国低，虽然我们设备的生产效率只是他们的一半，但也有足够的竞争力与对方抗衡。工程技术人员和经营者往往希望购买最先进的设备，以为不这样就会在竞争中落败。但有时恰恰相反，由于购进高额设备而使固定费用大幅增加，反而削弱了经营体质。对这一点，经营者应有充分的认识。

设备也好，员工也好，经营企业必须防止在这两方面增加固定费用。经营者自以为积极进取，但回头一看，固定费用却增加到了难以置信的地步，想要后退已不可能。这种情况经常发生。原意是积极发展，结果反倒弱化了经营体质，这种事例并不鲜见。不能增加固定费用，而要削减固定费用，如果不时时意识到这一点，固定费用很快就会增加，最终会使企业体质恶化。

但是，在现实的企业经营中，防止固定费用增加这件事的意义，如果员工没能充分理解，那么在扩展事业、提高效率方面，员工的积极性就会下降。因此，要让员工们理解，削减固定费用，实现筋肉坚实的企业体质，就是为了把公司变得更强大，更富于挑战精神，有利于更好地扩展事业。

四、不投机——额头流汗换取的利润才有价值

对我而言，所谓投资，就是投下资金，通过自己额头流汗、辛勤工作获取利润，而非不劳而获。在我的会计学中，没有丝毫靠投机获利的观念。所以，在运用剩余资金的时候，保本是大原则。完全不准备所谓“风险管理”资金，因为那是投机性投资才需要的。

以前，“投资理财”这个词被滥用，连企业会计财务部门也去追逐一时的投机利润，结果动摇了企业的根基，招致重大损失。我们见过许多这样的事例。这种事之所以发生，是因为经营者忽视了一条重要的原理原则：尊重自己辛勤劳动获取的利润。

1973 年 10 月爆发的第一次石油危机导致了日本经济的混乱，当混乱还在继续的时候，某都市银行的行长来拜访我。他的话我记忆犹新。

“两年前房地产开始升值，大家都在购买土地，通过转卖

获利。贵公司把利润都存在我们银行，我们当然很感谢。但现在社会流行借钱买地，自有资金加银行贷款买地已成时代特色。贵公司如想贷款，不管多少我们都愿意借。许多不动产可以保证升值，请允许我为您介绍。”

我告诉他，我的理念是：“只有自己额头流汗、辛勤工作赚来的钱，才能称为利润。”所以不为他的劝诱所动。

过了一年半载后，当时的泡沫破裂，许多有名的企业接二连三陷入困境。那时京瓷还是小公司，却有几家报纸、杂志的记者赶来采访，他们问道：

“看到这次破产潮你有何感想？几乎家家企业都背着贬值后的不动产发愁，京瓷却完全没有这个问题。你的先见之明从何而来？”

我直率地答道：“我没有你们所说的那种先见之明，我只是不喜欢靠投机获利，我讨厌依靠转卖房地产赚钱，如此而已。”

到20世纪90年代初泡沫经济崩溃之前，有过几次泡沫的膨胀和破灭。为什么人们总是好了伤疤忘了痛，老是重犯同样的错误呢？大家明知股票和房地产不可能永远持续升值，但总是愿意相信损失不会降临到自己头上。世间的潮流一旦被掀动，逆着这股潮流，将自己的意志贯彻到底，也许很困难。但经营者对众多员工负有责任，不应该盲目仿效他人，归根结底，应该遵循自己心中的原理原则和行动规范。经营企业不可赶时髦，更不可随波逐流。

投机是“零和游戏”。有人得利必有人牺牲。即使投机获利，也没有为社会创造出新的价值。真正的经济价值，即对人类对社会有贡献的价值，不可能通过投机活动而增加。

企业的使命，是通过自由的、富有创造性的活动，孕育新的价值，为人类社会的发展进步做出贡献。作为这种活动的成果，我们获得了利润，我称之为“额头流汗换来的利润”。这才是企业应该追求的真正利润。

追求投机性利润，这种行为包含着严重的赌博性质，它煽起人们的侥幸心理。但可悲的是，许多人为之着迷。投机活动虽然不创造任何价值，但却具有让人迅速沉迷的魔力。为了不给员工带来不幸，经营者必须抵御这种魔力，坚持自己心中的原理原则，从“究竟什么是正确的、企业的使命到底是什么”这样的原点出发，来决定自己应该采取的行动。

五、预算制度合理吗——即用即买

通常，制定下一个年度计划时，人们会提出："销售额要比前一年提高百分之几。理所当然，这就需要人手，于是人员要相应增加。为增加销售，还要开设新的分店，为此要增加销售费用……"总之，列出所有费用项目，做出预算。

这样的预算制度我从没有采用过。为什么？因为许多情况下，增加人员，增设分店，有关费用的部分，不断按计划进展，但最关键的销售额却未能按计划增加。追问"销售额为什么没有增加？"答案是："我们很努力，但现在不景气，所以不顺利。"有时还会进一步说："为了挽回颓势，必须下决心再增加人手。"由此费用更会增加。本是为了实现计划中的销售额的增加，才花费用，销售额需要按费用的增加而增加。结果却做不到，只有费用在增加。

就是说，支出部分的预算落实了，销售收入的预算却落空了。这难道不是预算制度的实态吗？因此，我经营企业的方法是：“不要预算制度，需要花钱时，提出书面申请，即时裁决。”

在京瓷，采购原材料，每个月只购入当月需要的数量。根据情况，有时不是每个月，而是每天只购进当天需要的数量。我称之为“买一升”，并把这作为原材料采购原则。即使一次买一斗便宜划算，我却坚持只买当前需要的一升。

这种想法来自我小时候的经验。当时我们的家业是印刷和生产纸袋。工厂就在院子里，有十几名员工，父母亲与大家一起工作。母亲生性快乐、开朗；父亲为人正直，做事认真，一心扑在工作上。父亲出生在离鹿儿岛市 15～20 公里的乡下，那里许多农民亲戚常常肩挑车拉，把番薯、竿头等蔬菜拿到附近来卖。待傍晚回家时，因为卖剩下的东西再带回乡下太重，他们一定会顺道来到熟悉的人家。他们也常来我家，说声“打扰了”。母亲会道一声“辛苦”，奉上一杯茶。农人们说：“菜没卖完，带回去也没用，便宜点处理给你。”我的母亲心肠好，乐于助人，看乡下人可怜，同情他们，又因为是丈夫乡下来的远亲，更因为东西实在便宜，就会把剩余的蔬菜全部买下。

那时我还是小学生，想法很单纯，觉得母亲做了善事。但到了吃晚饭时，瞥见厨房里堆着菜，寡言但认真的父亲就发火了：“怎么又买了无用的东西！”母亲也不示弱：“是你远房亲戚某某的太太，人家特意来的，而且价钱远比城里蔬菜店便宜得多，你发什么火啊！”

我默不作声地吃饭，侧眼看到不善言辞的父亲被顶撞也不出声，心想：“这事母亲讲得对啊！”

某个夏日，我从学校回家，看见母亲在院子里挖土，是把很久前埋下的番薯挖出来，番薯已经烂了。她还叫人帮忙，用大铁铲挖掘。她喊道：“哎呀，已经烂得这么厉害！”然后用菜刀把坏的部分削掉，本来很大的番薯眼看着就变小了。

不过母亲仍然很高兴，她把变小的番薯煮了一大锅，放进竹笼里，对我说：“去把小朋友都叫来吧！”我是孩子王，把附近的小朋友都叫来，请大家一起吃那多得吃不完的番薯。小朋友们吃饱了兴高采烈回去了，母亲觉得又做了好事，也很开心。

这时我才醒悟：“哈哈！我明白父亲为什么发火了。这样的太太，或许会把家弄穷的。”

从儿时的这些经验中我学到了一个道理：一次大量买进看起来便宜划算，其实不然。人是很有意思的，听别人说“买五升可以便宜”，就信以为真，忍不住就买了五升。东西一多，用起来就会大手大脚，不再节约，不再爱惜。但如果手头所有刚刚够用，用起来就会小心翼翼。因此，现在如果只要一升，就只买一升。

就这样，我懂得了“即用即买”的重要性。记得京瓷创业后，我常常向财务部长灌输我的“买一升论”。但财务部长驳斥说：“你的理论同经营学、会计学的常识背道而驰。全世界哪一本经营学或会计学的书都只会教人买便宜东西，而不会教人买贵的东西。”我也毫不退让：“那样的常识有什么用？不管怎样，请你只采购需要的量。”

这样争论的结果，心怀抵触的财务部长只得勉强按我的指示去做，但在做的过程中他领悟了：“果然如此！”即用即买，只买当时需用的量，看上去买贵了，但员工珍惜使用。因为没有剩余，就不需要仓库。不要仓库，也就不需要库存管理，不需要库存利息。将这些成本加起来算，这种做法要经济得多。像陶瓷那样不会变质的东西还算好，如果是易腐朽的东西，不加注意，就会因变质而报废。我讲了我母亲的故事，类似的事情在许多家庭、许多公司都会发生。

财务部长后来对我说：“我把社长父母那段故事当笑话听，但现在我明白了，这个朴素的故事里隐含的真理实在非常重要。”

这在京瓷称作“即用即买原则”或“买一升原则”。现在仍作为铁则传承着。

第四章

贯彻完美主义

完美主义的原则

本章叙述的所谓完美主义，是指不允许暧昧和妥协，所有工作都要追求完美，达至每个细节。这是在企业经营中应该采取的基本态度。

一、宏观和微观

团队的领导者总是被要求做出准确完美的决断。比如登山队长，哪怕他的判断有一个失误，就会将整个团队引向死亡。同样，经营企业的社长，他的判断也左右着企业的命运。社长对企业的员工及其家属，对顾客、股东、合作企业等，都负有重大的责任。

为了承担如此重大的职责，企业经营者不但要在宏观上充分明白整个公司的状况，而且要在微观上了解部下所做的工作。否则就谈不上完美。甚至在部下休假时，自己也能代替他工作。如果做不到这种程度，就没有资格当真正的“长”。

通常，创业型社长对现场的细部、对公司的整体，都能了如指掌。

但创业者的继承人，第二代社长或专务董事，他们中的大部分都不太清楚现场的状况。即使从父亲乃至祖父那里学到了从宏观上统领整体的所谓帝王学，但对现场的具体情况仍不了解。这样的话，他们就不可能将企业经营得有声有色。作为企业领导者，如果真想按照自己的意志去经营企业，那么就必须频繁地出入现场，感受现场的气氛，了解现场的情况。不从现场出发，所谓的帝王学就没有用武之地。不仅要明白宏观，而且要了解微观。这样，经营企业才会胸有成竹，游刃有余。

二、必须百分之百实现目标

我大学的专业是化学。在化学这个世界里，把几种化学试剂混合，就能制造出新的化学物质。混合的试剂的配比稍有差错，多少天的心血就会全部付诸徒劳。如果是花费一年时间研究出来的东西，那么这一整年的努力就在一瞬间化为了泡影。

同样，现代的制造业对产品质量的要求非常严格，“零次品”已经是理所当然的事。要达到这么高的质量水平，每道工序都必须做到完美无缺，在研究开发和生产制造的过程中，不允许有丝毫差错，所有的工作都要求做到尽善尽美。

但在财务等事务部门，如果资料等出现错误，只要说一声“对不起，我修正”就想应付过去。我因此常对财务部长发火：“因为是事务工作就可以马虎吗？”“如果认为差错可以用橡皮擦去，在工作中就不会去追求完美。”

或许有人认为，工作中出点差错在所难免，但无论是投资计划还是核算管理，基础数字哪怕略有错误，都会导致经营判断失误。所以，不仅研究开发和生产部门要认真，事务部门也同样要认真，决不允许出错。

真正实现完美主义当然很困难，但具备追求完美主义的态度，就能减少错误。但即使以完美为目标，也做不到差错为零。然而却不能因此认可百分之九十九正确就行。如果百分之九十九可以容忍的话，下次百分之九十也能说得过去，不！甚至百分之八十、百分之七十也无所谓了。那样的话，公司经营就会怠慢，公司内部纪律就会松弛。

百分之百就是百分之百，针对销售和利润计划的完成情况，我决不认同如下的论调："虽然没能达到百分之百，但也完成了百分之九十五，这次就谅解吧。"对于生产、销售这类经营目标的完成状况，对于开发研究工作的进度以及管理工作的准确程度，我都要求贯彻完美主义。

三、严格核查以求完美

我经常要求会计人员向我解释月度财务报表上不明确的地方。当时的财务部长回忆说："如果没将资料认真审核就交给社长，他肯定要严格核对有关的内容。他的提问常常让我们很狼狈，他会严厉地追究责任。到下一次，为了万无一失，我们事先认真准备，多方确认，再向他提交资料，这时他只是简单地听听说明，不提问题，反而让我们感到失望。"

当我认真审阅资料时，不知道为什么，数字间的矛盾或不对头的数字会扑入我的眼帘，精神高度集中时，一眼就能看出问题。那些错误的数字，有问题的数字，就像求救似的自己跳出来。相反，如果所提供的资料，其中的数字经过充分确认，那么不管我怎么细看也找不出问题。

所以，上司让部下匆忙做成的资料，内容自己未加审核，惴惴不安拿给我看，那么毫无疑问，肯定要受到我的训斥。相反，如果这位上司自己仔细看过，事先把问题都弄清楚了，再拿给我看，我连问题也不提，就此通过。

企业各级领导者如果亲自认真贯彻完美主义，那么就会敏锐地发现资料中的错误，发现不合逻辑和数字矛盾的地方。如果领导者这样认真审核，做资料的人自然而然也会去追求完美主义。为了让完美主义渗透到整个公司，成为每个人的习惯，无论是做资料的人还是审核的人，都要付出相应的努力。

第五章

用双重确认的办法保护公司和员工

双重确认的原则

本章所阐述的“双重确认”是一种“保护性机制”，不仅是财务，它保护所有部门的个人，也保护组织，使组织能健康运行。

工作光明正大，在透明的空间中进行，这不但能使工作人员不发生意外事件，同时可以提高业务本身的可信度，保证公司组织的健全性。

因此，“双重确认”的机制，在任何情况下都必须彻底贯彻，不可松懈。

一、不让人犯罪的制度设计

我的经营哲学的根基是“以心为本的经营”。

创立京瓷时，因为深感责任重大，我经常夜不能寐。当时我对企业经营一无所知，“依靠什么去经营企业才好呢？可以依靠的东西究竟是什么呢？”我认真地、反复地思考。烦恼之余，我领悟到，最重要、最值得重视的就是“人心”。人心易变，人心最不可靠，但这个世界上最可靠的也是人心。实际上，京瓷本身就是在衷心信任我的人士的支援之下，由相互信赖的伙伴共同创立的。

就是这样，一方面人心具备强大的力量，同时人心也有脆弱的方面，无意中的一念之差，就会让人犯下过错。因此，要贯彻“以心为本的经营”，要保护员工，就要注意到人心脆弱的一面。这是设计“双重确认”制度的初始动机。所以，制定这项制度的背景绝不是什么“人不可信”或“性恶说”。恰恰相反，制度之下流淌着的，是对人的关爱之情，是不忍让人犯错的善的信念。

诚实的人也难免一时鬼迷心窍。比如稍稍挪用一下公款，事后就还。开始这么打算，后来却由于某种原因还不上了，这样就会铸成大罪。这是管理上的漏洞造成的罪过。纵使人起贪念，但制度上如有切实的防范，这种贪念就无法实现，人就不会陷进犯罪的泥坑。企业中这种保护性机制设计得越是严密，就越能体现出对人的关怀。

为了不让员工有犯罪的机会，从原材料的接收、产品的发送到应收款的回收，整个管理系统在逻辑上必须具有一贯性。如果迁就一个个管理者的“方便主义”，而损害了系统的一贯性，那么，个别管理者小小的判断失误，就会酿成重大的问题。特别是企业的经营者，在会计、资材等管理系统的运行上，因时间或场合不同，而做出自相矛盾的决断，这就等于否定了自己经营的一贯性，这会造成整个管理系统的崩溃。看一看最近发生的各行业的舞弊丑闻，就可以明白，经营者自我本位的、不严肃的判断，招致了动摇公司根基的重大问题。在这个基本点上，经营者首先必须严格自律。

或许有人认为，“双重确认的原则”是发现和防止错误的技术性手段。但是，之所以需要这样严格的系统，真正的目的在于创造一个珍惜人的职场环境。让两个以上的人和部门互相审核、互相确认，由此推进工作。存在这样一个严格的制度，员工犯罪就可以防患于未然。同时，可以营造出一个具有紧张感的、生机勃勃的职场氛围。

这是一套对经营活动进行管理的机制，只有让这套机制正确地、充分地发挥作用，才能够在更高层次的爱和利他心的基础之上，顺利地经营企业。

二、双重确认的具体做法

如前文所述，“双重确认”是预防人犯罪的原则，但其要点是构筑具体的双重确认的首要系统。为此，自创业以来，我一项一项地制定了具体的管理办法。说起来有点繁琐，但我想举出具体的事例，来说明双重确认的管理方法。

• 进出款项的处理

管理进出款项的原则是：管钱的人和开票的人必须分开。

小公司里，常常是社长亲自开付款票据，并且自己付出现金。这样做即便没有恶意却可以随心所欲，这就谈不上严密的管理。为了防止这类情况，开票人和管钱人必须分开。

到银行存钱，买材料付款，支付劳务费，或者支付其他费用，付款人和开票人必须分开。

负责付款的人，要确认票据是否正确，然后付款。付款必须依照票据，而不是根据付款人自己的意志或判断。要求付款的人，必须正确填写付款内容，并附上必要的凭证资料，开出付款票据，要求付款人付款。

收款时，不能因为账户上有金钱入账，管钱的人就可以开进款票据。管金钱入账的人要与那笔收入有关的部门联系，请该部门明确进款的具体内容并开出票据，然后进行入账处理。

就是说，开票人和管钱人绝对分离是双重确认的首要原则。

● 现金处理

处理小笔现金时，每天结束时合计的现金余额，和由票据做成的余额表相一致，这是理所当然的。但是，这必须是每一次有现金出入时，现金余额和账面余额全都一致而产生的结果。

就是说，不是在最后合计时让两者相一致，而是必须在每一个时点，现金动，票据也动，两者相一致。为此，在上班时间内，必须由管理现金以外的人，以适当的频度，对现金余额和票据进行确认。由管钱人以外的人在现金流动的状态下认真确认的话，万一发生问题，也容易找出原因，同时从某种意义上来说也保护了管钱的人。

● 公司印章管理

自公司创立以来，我忙于研究开发、生产制造以及营销，几乎没有时间坐在办公桌边。因此，公司法人代表的印章和银行用印章都得委托员工管理。

委托员工管理同时又要让我放心，我想出了一个管理印章的办法。印章箱有两层，外箱是手提保险箱，内箱是小型印章箱。管理内箱钥匙的人就是盖章的人，外箱钥匙则另有他人管理，两者可以互相确认。

当然，除了开锁盖章外，内箱总是锁在外箱之内，禁止取出内箱走动。关闭内箱时，要由另外的人确认是否所有印章都收在里面了，然后上锁。当然，除了盖章的时间以外，印章箱的内箱、外箱都必须锁上，然后放进耐火的大保险柜里保管。这个耐火保险柜的开闭又有第三个人负责。这种双重确认的体制，基本出发点就是：不让一个人能够做完全部程序。

● 保险箱的管理

耐火保险箱如果有圆形暗锁和密码锁，一定要把两道锁都锁上，同印章箱一样，必须由不同的人来开锁。

即使上班时间内，保险箱也要上锁，包括早晚定期开锁在内，凡有必要开锁时，都必须有人见证，从保险箱进出钱、物必须由复数的人在场。

包括耐火保险箱、手提保险箱在内，里面只能保管特定的东西。同时禁止特定以外的人利用保险箱，放进或取出钱物。

● 购买手续

在购买物品或服务时，双重确认体制也必不可缺。要求购买的部门必须向采购部门开具委托购买的票据，请采购人员发出订单。禁止要求购买的部门直接打电话联系供应商、交涉价格和交货期。

有时或许需要紧急采购，但按公司正规的采购程序采购，一方面不破坏基于双重确认的管理体系，另一方面可以确保向供应商支付货款。同时可以防止采购过程中发生内部人员同供应商勾结的行为。

● 应收款、应付款的管理

销售人员当然要开展销售活动，但同时必须对货款及时、全部回收负责，这是一条原则。应收款余额的管理，另由销售管理这样一个管理部门负责，他们向销售人员报告应收款余额明细，催促按合同收款，同时指示销售人员弄明白欠款的原因及对策，以求尽早解决。

但去收款时，并不是销售管理人员直接去，而是销售人员拿着各地销售管理人员开具的发票到客户处收款，拿到的期票、支票应立即送到总公司财务部，然后到银行兑现。客户转账汇入的货款同样也由总公司财务部集中管理。

对应收款负责的是销售员，各地销售部门的销售管理人员和总公司的财务部门分别管理应收款余额和进款。

同样，应付款管理，由订货部门验收货物后，采购部门计算应付款，同时管理应付款余额，而应付款的支付由总公司财务部门集中管理。这样，在应收款、应付款的管理方面，也彻底贯彻双重确认的原则。

- **废料处理**

商品销售方面的管理虽然严格，但在废料处理方面，比如生产车间贵金属切削屑的处理，往往交给员工和承包商，没人确认，即使承包商过秤不正确也没人过问。

虽说卖的是切削屑，但几个月累计，就会产生惊人的金额。因此，在计算数量时，必须双重确认。为防止与承包商接触的员工犯罪，就需要这样的机制。

- **自动售货机、公用电话的现金回收**

因为打公用电话只需区区 10 日元，所以对它的现金回收往往不加注意。公司内的公用电话、自动售货机的现金管理往往交给总务部门一位员工处理。

一次收钱金额微不足道，但日积月累，金额就不小。如果几年时间里只任由一人负责，金额就会很大。这样的事看起来很小，但这里也需要双重确认，应该由两个人来确认金额。双重确认的原则，无关金额大小都必须执行，这是财务管理的铁则。

以上所述，乍看都是理所当然的事，但正是理所当然的事，要切实遵守，实际上却很难，所以更要重视。但所谓重视并不是只发指示，只发指示并不能保证彻底贯彻，所以领导者必须亲临现场，检查制度落实的情况。只有反复确认检查，制度才能在公司内固定、扎根。

但是，这种双重确认制度的根底，是经营者对员工的关爱之心，是不让员工犯罪的善的信念。

第六章

提高核算效益

提高核算效益的原则

企业会计最重要的使命就是帮助企业提高经济效益。

为了提高效益，增加销售额是理所当然的，但与此同时，还必须提高产品和服务的附加价值。所谓提高附加价值，就是以更少的资源创造出有更高市场价值的东西。这也是提高员工生活水平、为公司发展做出贡献的前提条件。

一般而言，所谓“提高效益”，是对经营活动进行管理的“管理会计”的职责，而“财务会计”的任务是向外部正确地报告企业业绩和企业的财务状况，两者性质不同。但是，对于经营者来说，“管理会计”和“财务会计”同等重要，都是企业经营必需的会计。管理会计对于财务会计的结算有什么关联，经营者必须正确把握。

在京瓷，本书所述的“会计学”，和被称为“阿米巴经营”的小集体独立核算制度，这两者作为经营管理系统的两轮，成为经营管理的根干。这也可比喻为一间房子，京瓷的经营哲学是地基，会计学和阿米巴是支撑房子的两根柱子。当然这两根柱子缺一不可，两者相互支持。

随着京瓷的迅速发展，企业的组织变大了。根据事业发展的情况，我把大组织分割成一个个小组织，每个小组织像一个独立的经营体一样，可以依照自己的意志开展事业，这就是阿米巴经营。每个阿米巴分别作为利润中心运行，像一个中小企业那样活动。阿米巴的领导者需要上司的认可，但该阿米巴的经营计划、业绩管理、劳务管理等所有经营上的事都由他们自己运作。所谓阿米巴经营是全员参与的经营模式，每位员工对自己所在阿米巴的目标都非常清楚，都在各自的岗位上为达成目标而不懈努力，在这一过程中能够获得自我实现。

如果要完整地叙述京瓷的阿米巴经营，就需要再写一本书，因为它的内容十分丰富。在本书中，我只阐述阿米巴经营中与会计学关系密切的部分，就是对提高效益起重要作用的管理会计体系“单位时间效益核算制度”。

一、何为单位时间效益核算制度

人们通过工作创造新的价值，促进社会经济的发展。“价值”是发展之源。为了生产更多的价值，就需要用尽可能少的费用创造出尽可能多的经济价值。在企业经营中就是要用最小的费用获得最大的销售。

减少耗费的资源，也就是贯彻节俭的精神。为了提供客户所需要的产品和服务而花费的各种支出，要杜绝一切浪费。生产产品所使用的原材料、消耗品、燃料、电力、机械设备，以及各种管理费用，包括物流成本在内的销售费用，所有项目都尽可能节减。这既是企业经营的基本原则，也关系到节约人类共同的资源。

但是，要增加销售，按一般的思维，就要按比例增加费用。但我认为并非如此，在运用各方面的智慧和创意增加销售的同时，不断地、彻底地削减费用，这就是经营的原则。

所谓单位时间核算，就是为了实现“销售最大化，费用最小化”这一经营原则而从销售额减去费用后的“结算余额”这一概念出发的。这个“结算余额”在经济学术语中被称为“附加价值”。企业要发展就必须产生和提高附加价值。

我们日常的劳作就是生产附加价值，并尽可能简单地表达这个附加价值，我就以每小时为单位计算附加价值，称之为“单位时间”，把它作为提高生产效率的指标。我请管理部门每月都做“单位时间效益核算表”，让现场员工也能很快理解。

表 6-1　制造阿米巴单位时间效益核算表（例）

项　目		计算公式	金额
总出货（全部生产量）	（千日元）	A（=B+C）	60 000
对外出货	（千日元）	B	35 000
公司内销合计	（千日元）	C	25 000
公司内购合计	（千日元）	D	10 000
总生产（净生产量）	（千日元）	E（=A−D）	50 000
扣除额	（千日元）	F	30 000
（明细）原材料费	（千日元）		10 000
外包加工费	（千日元）		5 000
……	（千日元）		……
销售扣除（附加价值）	（千日元）	G（=E−F）	20 000
总时间	（小时）	H	4 000
单位时间	（日元每小时）	I（=G/H）	5 000

为了简单易懂，用表格来表示生产部门阿米巴的“单位时间效益核算表”的雏形。表6-1从左到右是项目、计算公式、金额。项目首先从表示阿米巴收入的生产产值的数字开始。第一项“总出货”（全部生产量），是该阿米巴直接出货给客户的产品的产值“对外出货”，加上提供给公司内部其他阿米巴的产品和服务的产值“公司内销合计”。但这还不是表达阿米巴收益的核心概念。从“总出货”中减去从其他阿米巴购入的“公司内购合计”之后的“净生产量”才是表达该生产阿米巴的收益指标。这个“净生产量”表达阿米巴的生产实绩，是阿米巴经营中的重要指标。

在一般管理会计体系中，某个核算单位部门从公司内其他部门购买的产品或服务，和从公司外购买的东西一样，作为成本处理，以成本价或公司价计算。但是在“单位时间核算制度”中，公司内部各阿米巴之间的物资与服务的交易，全部按对外交易一样处理，交易价格必须是双方交涉同意的“市场价格”。就是说，卖方阿米巴和买方阿米巴之间，和在市场上交易一样讨价还价，从哪里购买，原则上买方可以自由选择。

这个按“市场价格”进行的公司内部买卖，对于卖方阿米巴来说，是净产值增加，对于买方来说，是净产值减少。因此，整个公司各阿米巴的“净产值”合计，直接就是公司整体向客户出货的总净产值。

所以，某个阿米巴的净产值对整个公司的总产值做了多少贡献也就一目了然。结果是，只面向公司内部生产的阿米巴，它的净产值对整个公司的总净产值所做的贡献也看得很清楚。这样就可以提高每个阿米巴与公司的一体感。

“单位时间效益核算”说明阿米巴是一个独立的经营责任单位。同时，它又绝不可以单独经营，只有和其他阿米巴相结合才能经营，每个阿米巴都是公司不可分割的一部分。阿米巴经营的思想基础是：任何人都需要在更大的集体中互相支持、互存共荣。

阿米巴经营的目的，很容易被理解为让阿米巴之间激烈竞争，但这实际上是误解。阿米巴经营并不是争抢有限的馅饼，而是阿米巴之间互相帮助，切磋琢磨，共同发展。阿米巴之间的交易按市场规则进行，因此，把“鲜活的市场”中的紧张感和活力带到内部交易中来，这也是阿米巴经营的目的。

二、追求附加价值的阿米巴经营

大企业的制造部门一般都依据以往的数据预先算出标准成本，然后同实际成本相比较，进行成本管理。这种“标准成本计算”成了管理会计的常识。因为是按照设定的目标即标准成本来进行成本管理，所以制造部门付出最大努力来达到这个标准成本。另外，这个标准成本的目标，并不是各个部门为了挑战更高的目标而自行设定的，而是由成本管理部门和上级管理层参照过去的实绩，以略高的标准设定的。

而在阿米巴经营中，阿米巴作为独立的经营组织，自行设定的主要指标是这个阿米巴的生产值和附加价值，而不是成本。既然阿米巴是独立的经营单位，这样的设定就是理所当然的。就是说，阿米巴经营不只是降低成本，使实际成本低于上级指定的标准成本，而是作为一个经营主体，首先要尽可能获取更多的订单，按照订单生产时，把费用压缩到最小，为此制定计划并实现计划。用最小的费用创造最大的价值，其结果就是“附加价值”最大化。通过这样的活动，阿米巴成为不断挑战的创造性团队。

阿米巴经营的主角是“人”的集团，他们为以最小的费用创造出最大的销售而绞尽脑汁。焦点是阿米巴整体创造的附加价值。与此对照，在根据标准成本计算进行的成本管理体系中，主角是产品这种“物”，而焦点是每个产品在每道工序上的成本。

在阿米巴经营中，不采用依据成本计算进行成本管理的另一个理由是，考虑到产品不达到完成状态就没有市场价值。在阿米巴经营中，阿米巴要把产品做到完美，做到可以向客户出货的状态，方才可以计算生产实绩。就是说，除了期末，半成品不作为计算对象。但在一般会计中，制造过程中的半成品同成品一样是计算成本的。然而，用成本计算算出来的半成品和成品的所谓价值，不过是制造过程中所花费用的总和，而不是客户购买它、使用它的价值。

这种有关成本计算的思维方式，与阿米巴经营的思维方式基本上无法相容。阿米巴经营认为，只有与客户所付货款相对应的完整的产品才有价值。所以，在“单位时间效益核算制度”中，不会从已经支出的制造费用中扣除按“成本计算”评价的半成品价值，然后计算制造成本。因为从客户看来，未完成的产品是没有任何价值的。

如上所述，作为管理会计，在“单位时间效益核算制度”中，不采用复杂的成本计算体系，而只重视让阿米巴全员随时都能理解经营实况、并立即采取主动措施所必要的指标。

当然，这个不评估半成品的方法，不能用在对外的结算报告中。提供结算报表的其他所有企业，都报告半成品的期末余额，如果我们的结算报表不作同样的计算就不公平了。作为一家企业，做结算报表要保持和社会上的会计制度统一是当然的义务。

三、单位时间效益核算与会计的关联

在单位时间效益核算中，最重要的是构成阿米巴的全体人员对自己的阿米巴的情况随时随地都能了如指掌。因此，每天的会计处理必须“正确、明确、迅速”。发生的事，立即作为阿米巴的收益或费用来认识，这同时也是实践“一一对应”原则。

生产实绩、出货实绩，阿米巴每天要掌握每一项内容以及实绩总额，这是理所当然的。同时由第二天早上的销售额生产日报来验证。还有资材费用和其他所支付的费用，各阿米巴也要随时掌握，并由第二天早上配发的费用日报等计算机资料来验证。

这样做的结果，各个阿米巴不仅可以在宏观上把握整体的情况，即由数字归纳的经营实况；同时又可以在微观上理解构成数字的每一项具体细节。

另外，在阿米巴经营中，各阿米巴可以在自己职责范围内管理所有的收益和费用。例如某阿米巴卖掉贵金属屑，当然要作为该阿米巴的收益处理。会计上卖掉机械设备的收入作为特别收益通常不包括在经常收益之内，但是这部分收益也计入处理该设备的阿米巴的收益之内。同样，报废或处理机械设备所产生的特别损失也有相应的阿米巴来承担。所有的收益、费用都在某个确定的部门的职责范围内发生，所以构筑管理体系时就要明确有关事情发生时该由哪个部门管辖。

从这个意义上说，不能有下述情况发生：发生的费用由哪个阿米巴承担不清楚；突然有来历不明的费用要求某阿米巴支付。因为这违反了“阿米巴自己负责、自主经营”的阿米巴经营原则。为此，财务人员不可仅从“会计的判断”角度随意决定负担费用的部门和会计科目，管理体系要让阿米巴责任人能按规则由自己判断如何管理费用。

这样，在阿米巴经营中，基本上各阿米巴可以直接管理、自行负责的费用都反映到了阿米巴的核算上。比如工场等支撑阿米巴经营时必然发生的间接费。具体说，直接向阿米巴提供服务的工场和事务所的总务、人事、资材、财务等间接部门的费用，作为“公共费用”，以阿米巴可以接受的方法分担。这样做的结果，间接部门的人员就知道自己要靠阿米巴的收益来支持，因此必须努力节约经费、更有效地为阿米巴提供服务。

另一方面，总公司的总务、人事、资材、财务等管理部门的费用不让阿米巴分摊。总公司管理部门通过其业务管辖下的工场、事业所的间接部门向各阿米巴提供服务。但与工场、事业所的阿米巴日常并不接触。因为总公司不对阿米巴产生直接影响，所以其费用不让阿米巴分担。一般在把事业部门作为独立核算单位做损益表时，大多是把总公司的费用作为“一般管理费”让事业部负担。但在单位时间核算制度中，为了充分尊重阿米巴作为经营主体的地位，就不按一般会计常识做，与阿米巴没有直接关系的总公司费用不让阿米巴负担。

并且，总公司管理部门实际发生的费用，在每月召开的公司全体会议上，由各部门与其预算相对比，做出报告，各个部门严加管理。这些费用计入总公司部门这一科目之内。现在京瓷的总公司管理部门的经费以及全公司的战略费用等都由总公司部门的收入，即资金运用收益来提供。

如上所述，阿米巴经营的费用负担处理得非常严谨，绝不允许发生“糊涂账、笼统账”和把多种费用合在一起计算的情况。实际上，在京瓷内部各个部门，每天的所有费用都被严格确认，不管数目多小，自己部门不该负担的费用，用“经费移动”的方式转记到实际应该负担或分担的部门。这种“经费移动”不仅在同一工场内而且在全公司内进行，因而事务处理的工作量会增加。但是，只有公正公平地处理所有的事务，才能维持阿米巴的道德和活力。从这个意义上讲，这样的处理工作是不可缺少的。

一般认为“管理会计”做出的报告，和“财务会计”做出的报告——对外的结算报告——性质不同，相互独立。然而，既然两者都是为了正确认识企业经营的实态，两者的报告内容必须具有整合性。事实上，在京瓷，作为“管理会计”的“单位时间效益核算”与对外公布的“结算表”保持了明确的整合性。因此，各阿米巴对自己的业绩与公司整体业绩的直接关联性认识得很清楚。每年年初，社长发表的“经营方针”中，都会把作为“结算基础”的公司整体业绩目标同各事业部作为“单位时间效益核算基础”的业绩目标紧密地连在一起。

四、作为管理会计报告的单位时间效益核算制度

阿米巴经营把我的经营哲学具体化了。作为管理会计的单位时间效益核算，是以我的会计学为基础的，而这种会计学就扎根于我的经营哲学。因此，单位时间效益核算制度和公司的结算表不同，它采用了非常单纯的式样，只是将物品和金钱的流动用“一一对应”的数字如实列举并归纳合计。对于各个阿米巴而言，单位时间效益核算就是将自己的工作结果如实地用数字归纳。在这个意义上讲，这是他们自己做的核算。

在京瓷，把单位时间效益核算和公司结算结合起来的，就是月度结算报告。在月度结算报告中，把单位时间效益核算的“单位时间附加值”和公司结算中的利润联系起来，具体表达各事业部在结算利润上对公司整体的贡献程度。就是说，这个月度结算报告把各个事业部的单位时间效益核算的实绩用结算报告的形式表达，而且每月月初就会分发给公司的各个事业部。

单位时间效益核算由经营管理部完成，而月度结算报告由财务部完成。财务部把单位时间效益核算中不列出的人工费作为费用算上，然后计算出利润。同时，在这个月度结算报告中，各事业本部把制造部门阿米巴的“以生产为基础”的核算和销售部门阿米巴的“以销售为基础”的核算加在一起，再减去产品库存那部分的生产利润，换算成公司用的“以销售为基础”的公司业绩。

对这个部分作变更调整，表明月度结算报告，也是把各阿米巴的活动以“一一对应”原则归纳的数字为基础做出的。它同单位时间效益核算表达了同样的事实。而年度结算期末，在月度结算的累积上，加上一个“结算修正值”就成为公司的年度结算表。而“结算修正值”主要依据半成品“期末实地盘点”的盘点资产的期末评价为中心来计算。

在制造事业部的单位时间效益核算报告中，从对应于“总产值”的收益指标“净产值”中扣除该事业部的人工费用，就成为每月利润表上的“税前利润”。这个“税前利润”是把单位时间效益核算和公司的结算（利润表）连接起来的关键数字。

在阿米巴经营中，各阿米巴自己负责编制的月度预定和年度总计划起着重要的作用。阿米巴经营的本质，就在于阿米巴全体成员都能时时刻刻把握自己现在的状态，为达到计划中设定的目标，即时地、接二连三地采取必要的行动。为此，阿米巴必须把自己事先制定的年度总计划和月度计划中的“预定核算数字”定为自己明确的目标，针对这目标，实绩如何，必须能够随时地确切地认知。为达此目的，单位时间效益核算表采用了可以将当月的预定和年度总计划与实绩相对比的十分简单的式样。

然而，在企业经营中，我把“预定”和实绩数字看得同样重要。不，我甚至认为“预定”比实绩更重要。“预定”就是“目标”，它体现经营者的意志，它是描画自己亲手想要做成的新事物。从这个意义上讲，“预定”绝不是可以随意改变的东西，作为阿米巴同仁要共同实现的目标，不管环境如何变化，都要尽最大努力坚持到底。

基于上述架构和思维方式，单位时间效益核算制度在京瓷的实际运用中取得了显著的效果。

五、依据售价还原成本

在日本企业会计基本准则——《企业会计原则》中，成品和半成品的制造成本要依据适当的成本核算方式算出。因此，如果公司内部不确立成本核算制度，就会成为会计审查上的重要问题。特别是上市企业，为了保护投资人，该企业的会计系统和管理系统是否正当合理，会受到严格的监管。

京瓷的股票在上市时，因为京瓷没有进行一般意义上的成本核算，所以曾经担心，在上市的资格审查上会产生问题。但是，通常的成本核算又非常繁杂，需要设置专业部门，花费大量时间和劳力。而实际作出的结果，却未必能正确反映企业的实态，未必对经营有什么帮助。

比如，一般使用的所谓“标准成本核算法”，在多品种生产的企业里，仅仅设定标准成本就需要大量的工作。而且，根据生产批量的大小，成本会有很大变化。因为京瓷是多品种小批量生产，如果采用这种方法，那么每个品种都要核算成本，就需要庞大的作业量。特意去引进这种正规的成本核算方法，却没有实际的价值和效果，而且与单位时间效益核算制度完全不能融合。因此京瓷的结算报告中，采用与本公司理念一致的“售价还原成本法”来评价期末成品和半成品的盘点资产。在上市资格审查时，我们这一方法虽然与一般流行的方式不同，但它相当合理，我们就用这种方法提交申请，结果顺利通过了审查。

所谓“售价还原成本法”中的成本，不是把制造过程中花费的各种成本累加计算，而是事先算出一个适合于该产品的成本率，然后乘上该产品的售价作为成本。这就是“售价还原成本法”。

因为我认为“定价即经营”，所以京瓷对每一种产品的定价都注入了心血，非常认真。同时千方百计在这个售价上用最小的费用做出令客户满意的完美无缺的产品。利润不过是这种努力产生的结果。我认为这才是经营最基本的出发点，从这个意义上说，产品的售价和成本不可能一成不变。

基于这种观点经营企业，我们不采用“标准成本核算法”，即不采用过去已经支付的累计的成本来评估半成品和成品的价值，而着眼于售价，采用“售价还原成本法”来评估半成品和成品的价值。

六、阿米巴经营与售价还原成本法中的成本

在结算时，用“标准成本核算法”计算库存，就不能如实反映经营的实态，因为在库存产品中有的成本已经超过卖价，卖出后账上就会出现亏损。

例如，一个卖给批发商 300 日元的畅销产品，成本是 250 日元。但不久市场上出现了大量模仿它的同类产品，致使最终的零售价急速下滑。这时候，在推出第二个新产品之前，如果想保证批发商的利益又要维持市场占有率，就不得不果断降价，以 200 日元的价格批给批发商。

在这种场合，一般的做法是：在结算期末，库存的这种产品，仍然会用原来的成本 250 日元计算评估，在此基础上交纳税金。税法上不承认企业用低于成本的价格评估库存，除非企业立即抛售库存产品。但是，到下一期，这个被评估为 250 日元的库存产品只能以 200 日元卖出，马上就会出现亏损。像这样不正确地评估库存，就谈不上企业的健全经营。

“阿米巴经营”认为成本不可能一直固定不变，而是要想尽一切办法不断降低成本，不管市场售价如何下降，为了确保盈利，阿米巴成员都会绞尽脑汁来减少费用，提高生产效率。

在自由竞争的市场经济中，市场售价经常发生剧烈的变动，那是理所当然的事情。既然如此，以固定的价格、固定的成本为前提，就无法经营企业。如果采用“售价还原成本法”，哪怕市场价格天天变动，从全期看，只要生产销售该产品的阿米巴整体不亏损，当然不会用超出市场价的成本来计算库存。

从这个意义上说，“售价还原成本法”是依据产品的市场售价和制造成本之间的关系而制定的。而且它总是随着可能发生的价格下跌而自动地调整库存的价值评估。不管采用何种成本计算方式，也不管这种计算何等正确，如果固执地用过去的成本评估当下的库存，就会误导经营。因此，可以说，最能敏感反映市场变动的“售价还原成本法”，是经营者正确评估库存的最恰当的方法。

七、注入灵魂才能使单位时间效益核算制度生效

所谓企业，归根结底是由人组成的集团。但是这个集团的领导者，即经营者必须获得员工的信赖和尊敬，这个集团才能成为具备统一意志的生命体，否则只会是一群乌合之众。经营者缺乏这样的威望，员工就不会克服一切困难、拼命实现经营者提出的目标。为了得到所有员工由衷的尊敬："如果是为了他，作什么牺牲我都心甘情愿。"要成为这样的经营者，你就必须不断努力，提升自己的人格。

即使你还达不到那么高尚的程度，但作为经营者你必须让与你共事的员工理解你的诚意，你必须为了公司和员工的利益，持续付出不亚于任何人的努力，这一点非常重要。

一般认为，京瓷高速成长的原因，在于京瓷具备尖端的技术，具备阿米巴经营、管理会计学等精致的经营管理系统。但是，需要铭记的是，不管技术水平也好，经营管理系统也好，只有在"以心为本"的经营环境之中才能有效地发挥作用。

不管开发了多么先进的技术，不管运用了多么合理的经营管理系统，为公司和员工注入灵魂的必须是经营者自己。

因此，在运用单位时间效益核算体系时，最重要的是经营者要得到员工的信赖和尊敬，这样的经营者还必须亲临现场，向现场的员工直接诉说工作的意义和目标。经营者必须通过职场的会议以及公司聚会，与员工打成一片，向他们直接传递自己的思想。

并不是有了好的核算制度自然就会提高效益，而是现场的人们想要提升效益，效益才会提升。为此，经营者自己要将必要的能量直接注入到现场员工的身上，这点非常重要。我称之为“注入灵魂”。

只有这样，员工才会从内心焕发出朝气和干劲。当有人问我“京瓷为什么会有那么高的利润”时，我会发自内心、毫不犹豫地答道：“那是因为我们的员工拼命努力的结果。”要是经营者不“注入灵魂”，那么不管有多么优秀的经营管理系统，都无法调动员工的积极性、真正把公司办好。

第七章

实行透明经营

玻璃般透明经营的原则

自京瓷创业以来，我一贯注重“以心为本”的经营，就是与员工在互相信任的基础上开展经营。京瓷作为中小企业要在严酷的竞争中获胜，经营者与员工必须由牢固的纽带连接在一起，团结奋斗。为了构建这种相互信赖的关系，必须把公司的处境毫不隐瞒地告诉员工。基于这种考虑，我实行了玻璃般透明的经营，让全体员工都了解京瓷的经营状况。而在京瓷的股票上市以后，我认为获得一般投资人的信任也很重要，于是我彻底公开公司的信息。我认为企业经营最重要的就是要光明正大，为了保证做到这一点，就要把经营放在众人的监视之下。

下面阐述支撑“透明经营”的财务方面的具体做法。

一、光明正大的财务会计

在前面“筋肉坚实的经营”章节中我已经讲过，绝不允许做虚假的会计处理使账面数字比实际更好。日本的企业会计基本准则《企业会计原则》强调“真实性原则”。会计的本分就是要如实地反映真实情况，为此，务必贯彻如下的思想：“管理金钱、处理会计业务的会计部门自身必须清正廉洁，而且必须公正无私，这是最重要的。”

为此，财务部门的全体成员要始终保持堂堂正正、公正合理的态度，要在财务部门营造正气，绝不容忍卑怯的思想和行为，要在公司内做出榜样。

然而，即使财务部门对公司各方面的会计处理、结算报告都做得很正确，而且尽了最大努力把会计处理做得很稳当，但企业能否透明经营最终取决于企业最高领导者所持有的经营哲学。

二、公司内部的沟通交流

首先重要的是，从公司干部到普通员工，经营必须“透明”。就是说，不仅经营者要对公司的状况了如指掌，而且员工也能知道公司的状况，能看到经营者在做什么，这就是所谓“玻璃般透明”。

公司绝不是经营者追求个人私利的工具。公司的使命在于为公司全体员工创造物质和精神两方面幸福的同时，为人类社会的发展做出贡献。经营者必须率先垂范，尽最大的努力去实现公司的经营目的。只要实践透明经营，为实现公司使命经营者带头奋斗的身影，员工们就会一目了然。

相反，万一经营者将企业的公款私用，哪怕是很少一点，或者以招待客人的名义，在高尔夫球和餐饮方面花费过大，员工都会知道。那么经营者不仅会失去员工的信赖，甚至会招致员工的叛离。因此，要实行透明经营，经营者必须严格自律，无论谁从什么角度看，经营者的行为都必须是公正无私的。

接着，重要的是，领导者在思考什么，瞄准的目标是什么，都要正确地传递给员工。例如京瓷每年的经营方针，都要花费很大的精力传达到每一位员工。年初社长发表经营方针，面对总部所在地区中层以上干部直接发表，同时通过转播传达到各地的工厂。干部听了社长的经营方针后，要将其内容传达到在职场工作的部下。此后，职场的全体员工还要轮流通过录像观看、听取社长的讲话。这样，全体员工在正确理解社长说明的公司以及集团公司整体的经营方针的同时，还能正确理解具体的经营目标以及为达成目标的具体措施。“公司瞄准什么目标，现在处在什么阶段，因此必须做什么”，社长的所思所想毫无区别地传达到每一位员工，然后作为各部门的目标加以展开。

除此之外，京瓷一年两次，从世界各地来的京瓷集团的经营干部会聚一堂，召开国际经营会议。在会上，来自世界各地区各领域的干部要发表计划和实绩的对比，发表今后的方针，并进行讨论。全体干部集中在一起，听取各部门、集团公司的报告，由此了解京瓷集团的整体状况，明白自己要做的工作在集团整体行动中的定位。有关集团整体的详细报告不仅传达到集团高层，而且对二百余名参会者一视同仁，让大家共有。

还有，在京瓷公司内部，在每月月初的晨会上要报告各部门上个月详细的实绩。各阿米巴的成员对自己部门的计划和实绩当然很了解，而在月初的晨会上，他们还可以清楚地用数字了解他们所在的工厂、事业部以及各部门的详细情况。京瓷总是努力让更多的员工共有更多的经营信息。

让员工知道公司整体的状况、前进的方向和目标，同时让他们知道将会遇到的困难以及经营上的课题。这种做法，对于提高公司的道德水准、形成公司的合力、让员工朝着正确的方向奋进，都是必不可缺的。凝聚员工的力量就能增强公司的力量。反之，不能聚集员工的力量，就不能达成目标，就不能克服困难。为此，公司的经营状况，不仅对公司高层，而且对一般员工，都要尽量公开透明，这是最低限度的条件。

三、光明正大地公示信息

我认为企业尤其是上市公司，已经是社会的公器，所以理应最大限度地公开企业的信息。比如京瓷自 1976 年在美国以 ADR（美国预托证券）的形式发行股票以来，就同美国公司一样，采取了信息公示的方针。

当时，在美国的会计准则里，包含了分地区、分部门公示企业业绩的内容。但是在美国发行 ADR 的多数日本企业对此都采取了消极的态度。但是我认为，既然京瓷公司已经在美国上市，公示信息是理所当然的事，所以从一开始我们就同美国企业一样，分行业、分地区公示信息。

现在的日本，公示企业信息也制度化了，但京瓷在二十年前就已经完全实行了这一条。京瓷公开发表的集团财务报表被美国的注册会计师评价为“无条件而且公正合理”。在美国，这样的日本企业很少。

后来，围绕现在备受关注的养老金的会计计算，也发生了类似的情况。当美国的养老金计算方法及公示内容做出重大变革时，许多在美国发行 ADR 的日本企业以日本的养老金制度与美国会计准则中设定的制度不同为理由，对所谓“美国式”养老金制度是否适用，采取了消极态度。但京瓷从美国光明正大地公开信息这一观点出发，毫不犹豫地采用了和美国企业同样的会计方法和公示内容来处理养老金问题。在养老金会计方面，迄今为止，京瓷同美国企业公示的内容完全一样，这在美国的日本企业中极为罕见。

经营者不仅应该如实公布规定的公司财务核算资料，而且作为日常工作，还必须重视对投资者的 IR（投资者关系管理）活动。大规模的机构投资家自不必说，而且对于所有关心公司未来、关心股价动向、与公司有利害关系的人，都应该让他们正确了解企业领导层的企业理念、公司经营状况以及对公司将来的展望。

告诉投资者，自己的公司具备健全的财务体质，有很好的发展前景，那么投资者将宝贵的资金投入，自然也不必担心。让投资者正确地理解本公司的价值。这样做，投资者对公司的评价就会更高，还会提升股价。这不仅对自己公司有利，还会给许多投资者带来很大好处。这么看来，投资者投给我们的资金是如何运用的，将来又会如何有效使用？把这些信息传递给投资者的 IR 活动，在企业经营中极为重要。

泡沫经济崩溃以后，日本的证券市场持续低迷。为了使股市活跃起来，必须让证券市场更加公正透明。与此同时，企业自身必须光明正大，实施透明经营，并同诚实而活跃的投资者积极沟通交流，这很有必要。

信息公开，就是将真实情况如实传递，这是理所当然的事。即使发生了“不良事件”，也要鼓起勇气立即对外公开。这样做反而会增加客户对公司的信任。遭遇困难时要从正面面对，最好将如何切实地解决问题的措施实事求是地告诉投资者。将自己公司的真实状态对外公开，毫无隐瞒。要做到这一点，“公正优先于利益”这种坚定而明确的哲学必不可缺。

四、经营的道德规范和会计的原则

“赚到的钱哪里去了?”我的会计学从这里开始。“财务会计向我报告结算的结果，本月产生了这么多的利润。但这些钱到底在哪里?”这是我上述的“管理会计学”的出发点。这里所说的利润，如果不遵循“一一对应”——我的会计学的基本原则，那么它往往是靠不住的、空洞的利润。

如前所述，只有将每一次物品的流动与每一张票据的处理，保持明确的对应，最终归纳的数字才能反映真实情况。不管你采用了多么精明的会计处理手法，只要稍稍偏离了这个“一一对应的原则”，会计就不可能正确反映企业的实际状况。

京瓷不仅在财务部门的会计票据上遵循“一一对应的原则”，而且包括接单、发单在内，所有的票据处理，都运用这条原则。正因如此，迄今为止，非常幸运，尽管企业规模迅速扩大，却从来没有在管理上犯过大错。

然而，坦率地说，即使花费心血构筑了自以为万无一失的管理系统，仍然不能完全避免不正当行为的发生。那么，管理不严格不健全的企业会发生什么问题呢？看到近年来频繁出现的企业舞弊丑闻，我不免担心。

在这样的企业里，许多情况下，即使发生不正当的行为也不将它视作问题，而是轻轻放过。因为大家都有各自或大或小的问题，所以即使相互间察觉到有疑惑、有不正当的行为，也视而不见，放任不管。而上司呢，因为面前有更大的问题需要处理，有时即使发现了某种不好的行为，也不干预，反而加以掩盖。

如果公司充满正气，对坏行为处理非常严厉，周围的人都很清廉，那么某位员工的某种行为有不对头的地方，就会马上显得很突出，会很快得到必要的处理。但是，如果公司的风气是，指出自己认为不正当的行为，反而被大家视为“背叛”，那么问题将被隐瞒。对小小的不当行为睁一眼闭一眼，一旦公司内部形成这种氛围，那么整个组织就会化脓变质，最终必定会发展成动摇企业根基的大问题。

正因为如此，为了杜绝违规违法的不正当行为，首先经营者自己必须具备严格自律的明确的经营哲学，必须努力做到与员工们共有这种哲学。同时，营造尊重公正和正义胜过一切的公司风气。必须在这基础之上，构建“一一对应原则”能被切实遵守的会计系统。这样的话，企业舞弊违法行为的一大半应该可以避免。

五、保证公正的“一一对应原则”

如上所述，为了光明正大地经营企业，具体要执行的事情既不高深也不复杂。在很容易成为舞弊温床的会计处理中，以及所有交易中，只要养成用“一一对应原则”认真处理的习惯就行了。

为什么？因为如果贯彻了“一一对应”的管理，暧昧的处理、不正当的做法就会被完全排除，一切交易都清楚明白。“一一对应”看起来似乎是非常初级的手续，但它却是保证正确的信息处理和会计处理的最基本的、必不可缺的原则。

这个“一一对应原则”把一个个现象和人们对这现象的认识，正像“一一对应”这四个字一样，真正对应起来。这中间绝不容忍暧昧的东西，绝不认可异物介入其中。可以说，凡事都基于真理。因而，凡是想要逃避客观的现实，或者粉饰、隐瞒事实，都将违背这个真理。而违背真理的行为必将招致失败。

我认为，所有的经营者，只要具备正确的经营哲学，即追求做人的普遍正确的准则，并切实贯彻“一一对应”这种最基本、最朴实的原则，就能够把不正当的行为排除在企业经营之外。

六、资本主义经济中会计的使命

现在，在日本的企业界，开始暴露出过去从未表面化的腐败现象。报纸杂志上连续报道违法舞弊的新闻，其中包括过去受到社会高度信任的日本的证券、银行等金融机构以及中央政府机关。但是暴露出来的不过是冰山一角，整个日本社会或许都已腐败。就是说，没有人思考什么是好的、善的，什么是坏的、恶的，只是一味地追求自身的利益。其结果，日本整体成了一个道德稀薄的社会，整个社会陷入了病态。

为了校正和重建这个社会，首先，社会各界的领导者必须具备做人的正确的、明确的、坚定的哲学，在此基础之上，去从事政治、行政、企业经营等实践活动。

原本的资本主义社会，并不是一个只要获利就可以为所欲为的社会。它是一个以全体社会人员都要遵守社会正义为前提构筑起来的社会。资本主义这个系统只有具备了严格的道德准则，才能正常地发挥它的机能。就是说，只有构建了尊重社会正义的、高度透明的社会，市场经济才能对社会发展做出贡献。为此，支撑资本主义经济的企业经营者必须具备高尚的伦理观，所有企业都应该公平地、光明正大地开展经营活动。

然而，遗憾的是，人这种动物往往并不完美。不管嘴上说得多么漂亮，在现实生活中常常容易抗拒不了诱惑，鬼迷心窍，干起犯法的勾当。调查一下舞弊丑闻的当事人，我们就会明白，并没有人一开始就想要违法犯罪。

从这个意义上讲，我认为会计所起的作用极大。因为如果在会计中构筑了万全的管理系统，人就做不了违规违法的事，即使万一发生这样的事，也可以把它控制在最小的范围之内。

但是，这样的管理系统绝不复杂，也不需要那么先进。追求做人的普遍正确的准则，在这种经营哲学的基础上，根据“一一对应”、“玻璃般透明的经营”、“双重确认”等原则，构建极其单纯朴实的系统就足够了。

这种有关会计的理念和系统，不仅可以防止违规违法，而且是企业健康发展所必不可缺的。相反，如果缺乏这样的会计系统，不管有多么优秀的技术，不管有多么雄厚的资金，企业长期持续的发展都是不可能的。

我认为，京瓷之所以能够顺利发展，就是因为京瓷具备了正确坚定的哲学，并构建了与这种哲学高度吻合的会计管理系统。

第二部分

直接为经营服务的会计学之实践

盛和塾经营问答

前述的会计原则，只有在实际的经营中用好用活，才能显示真正的价值。但是，在企业经营、财务会计领域工作的读者中，一定有人想知道，在各种具体场合中如何有效地运用这些原则。

因此，在本书的第二部分，我想介绍上述会计原则的应用实例。这些例子来自于我主办的学习会“盛和塾”中的经营问答。盛和塾以中小企业的年轻企业家为主要对象。

在盛和塾，塾生就日常经营中遇到的各种问题，直率地向我提问，然后我予以解答，用这种问答的形式，反复进行认真的讨论。我期待这些活生生的事例，对大家理解会计学的原则有所帮助。这里介绍五个经营问答的案例。另外，各个问答原本都是非常具体的事例，现在对其中的内容和数字已做了若干修正，并重新编辑，这点希望大家理解。

【经营问答一】

有关先期投资的思考

• 问题

本公司是某汽车厂家的正规特约经销商。泡沫经济破裂后经过许多年的萧条，这几年总算有了好转，销售额和利润都顺利上升。最近厂家采取了积极的扩张政策，推出强有力的措施，在汽车的环保和安全方面采用更先进的技术，发表了四年中销售台数倍增的计划，并强烈要求我们经销商也要先期投资，销售阵容要倍增，销售据点要增加等等。

现在本公司有三家店铺，有 50 名员工，其中推销员 15 名，一年销售汽车约 450 辆，每位推销员一年平均卖 30 辆，月平均 2. 5 辆。

过去我们的银行贷款一直维持在年销售额的三分之一左右。这次要增加服务工场的设备，另外，厂家还要求我们保有库存，所以正在追加贷款数额。为了应对销售的增加，我们还计划附设直营的二手车中心，提高以旧车换新车的差价。为此又需要借贷资金。这样的话，销售额还没增加，贷款却要倍增。

目前来看，利润只是一般，但我们对于厂家提供的促销费依存度很高，厂家的政策变动在很大程度上决定了我们利润的大小，这是现实。

不只是和我们交易的厂家，所有厂家今后对经销商的挑选都会更加严格。据说对于不愿开设新店、销售目标大幅落后的经销商，厂家会采取严厉措施。今后从总趋势看，国内市场已经很难有大的发展，在这种情况下公司能否继续生存，现在到了关键时刻。

要增加销售数量，只有两个办法。一是增加每位推销员的销售数量，二是增加推销员的人数。每个月能卖五六辆的推销员确实有，但仅是例外。这样的人才不是仅靠经验和训练就能培养出的。与其设法增加这种超级推销员，不如招聘新人，经四年培训，把他们培养成每月能够稳定卖出两三辆车的推销员。

新建销售据点需要大量投资，必须慎重考虑。因此，为了实现销售倍增的目标，首先考虑增添推销员、强化促销力。每年新招四名左右推销员，今后四年中实现倍增，确保年销售900 辆的销售阵容。

聘用新的推销人员，加强对他们的教育，借以提高客户满意度，就可能减少眼前的利润。即便如此，先期投资也无法回避。我想，或许正因为现在景气低迷，反而应该下决断先期投资。

但是另一方面，确实存在各种令人不安的因素，特别是随着竞争的激化，利润会大幅下降，一想到可能面临严峻的局面，我心里总是忐忑不安。塾长经常强调："先要稳固脚下的根基，提高利润率，然后再考虑投资。"对先期投资持谨慎态度。那么对于我们现在面临的问题，请问塾长有何指教？

●解答　投资要临机应变，控制间接人员增加以扩大利润

我的会计学原则之一，"筋肉坚实的经营原则"中提到"要警惕固定费用增加"。京瓷是生产厂家，设备的优劣往往左右生产效率的高低。即便如此，从创业开始，很长时间内我都强调："用二手机器设备吧，先忍耐将就吧。"不仅设备投资，凡涉及固定费用的增加，我都非常警惕。人员增加，特别是间接人员的增加控制更是十分严格。

根据你刚才所说，总数五十人的组织中，推销员十五名，占百分之三十。就是说，一名推销员要养三个人（包括你自己）。如果今后每年增加四名推销员，四年后推销员就会增加一倍。

在这种情况下，首先应该让间接人员一个不增，这点很重要。只增添推销员，从刚毕业的年轻人中招收。如果他们赚的钱能够付自己的工资，那么平均每人每年要卖十辆车。问题是：招进的新人要培训多长时间才能达到年销售十辆的目标。在这之前，他们连自己吃饭的钱也挣不来，这就会给经营带来很大负担。要细细算一算，现有的利润能否从容地消化这种新的支出。不能先决定人员要倍增，即使负担不起也要聘用。应该在公司能够承受这种负担的范围内招收新员工。

要花几年不知道，等这些新人平均每人每年能卖三十辆时，公司的利润率就能大幅提升。因为不增加间接人员，新培养出的推销员不需要一人负担三人的费用。如果一人能卖到三十辆，其余两人的工资就全部变为了利润。现在是十五人养五十人，到时是三十人养六十五人，那就轻松多了。那时利润不增数倍才怪呢。

看你们的业绩，今年的销售额增加了，但利润率却有所下降，跌破过去保持的百分之五，这可要特别注意。如果认为销售额增加，费用也要增加是理所当然，那么，结果往往是费用比销售额增加得更快。所以，即使利润增加了也不值得高兴。相反，利润率下滑倒应该作为一个大问题认真考虑。至少要把百分之五的利润率作为目标。如果在招收新员工等先期投资之前，利润率先下滑那就麻烦了。首先要彻底降低现在的各项费用。

你们稳健推进的意识很强，这点很好。既慎重又大胆，我想不会出大问题。最低限度要确保百分之五的利润率，在此基础上进行新的投资。

事业的扩展有一个“机会”的问题，这点要注意。所谓“天时、地利”。安全和环保将是一个引起大家关心的重大课题。我感觉你刚才所说的事业很有前景。如果确信那是“商机”的话，就应该果断出手。我主张“在土表正中相扑”，意思就是机会来了要毫不犹豫，迅速出手，为此平时的经营就要留足余裕。在削减费用、全公司节省开支的同时，抓住机会积极投资。要让全体员工都理解，这种投资是为了公司今后飞跃性的发展，让大家各自把脚下的根基稳固好。

如果放松控制，那么，增加一名推销员时又会增加一名间接人员。这是绝对不行的。维修服务体制要下功夫改进，但只增加推销员的方针要彻底贯彻。这样做，利润率自然就会上升。

事业越是扩大，经营者越要更加细致地把握经营的实际状况。这里不再重述。不仅是“削减经费”，每个店铺都要单独核算，店长及全体员工都要充分注意、彻底贯彻“销售最大化，费用最小化”的原则。间接部门也不应该视作仅仅是辅助销售，或许可以把维修与销售分开，另外，二手车中心成立后，因为它的核算方法与新车销售不同，也可以划出来，最终将公司分成三个部门，各自都认真实行独立核算，我认为用这样的方式来经营非常重要。

【经营问答二】

与大企业合作来筹措资金

● 问题

关于设备投资的资金筹措，希望得到您的指导。

我们公司经营旅馆业。从全国来看，旅馆行业处于停滞状态。但我们地处观光区域，这里各旅馆设施都是新的，来访的观光客也在增加。

但是各旅馆后继无人慢慢成为一个严重的问题。好的经理人才难求。同时由于工作时间不规律，工作又很繁重，客房服务人才也不好求。不过本公司采取措施，实行了更为现代化的用工制度，员工流失较少，也有了后继者，可以说这方面条件较好。

本公司的住宿设施已使用将近三十年，正在计划重建。供水系统、空调设备都已老化。现在的观光客主流是家族、团体旅游，我们想要尽早变更客房的布局、配置，以适应客人的需求。现有的建筑格局，只有面向个人或新婚客人的两三人用的客房，不能适应当前的旅游需求。我们计划改建为具备会议设施、宴会设施、温泉等适合多人数团队顾客的多功能建筑，争取客人数量翻倍，销售额达三倍。我们估计可以获得足够的投资回报。

最大的问题在于资金筹措。本公司的财务状况并不比同行业的公司更好。仅凭自有资金无法进行大规模的设备投资。这次的重建资金要靠全额贷款。坦率地说，本公司的借款已很多，在当前的金融形势下，再向金融机构贷款难度极大。曾考虑过广泛募集投资者，或采取会员制形式集资。但依据现在的情况判断，这些想法都脱离现实。

但这一次的计划并不只是单纯的重建，我们想把公司三十周年作为一个分水岭，摆脱传统观光旅馆只做一宿两餐的收费体制，不光吸引观光客，而且要开发当地客源，要转变经营模式以适应新的时代潮流。在成本管理等方面，经营方法也要转变，从过去暧昧的方式转变为现代化的合理的管理方式。

还有一个情况，最近有资金雄厚的大公司要到本地投资，我们想与它们合作来实现我们的计划。对于计划要在我们附近建设度假村的这家大公司来说，同风景优美又有温泉的观光旅馆合作也有吸引力。如果能合作，可以利用大公司的资金能力和社会信用，筹措我们计划所需要的资金。具体来说，就是与大公司共同出资设立新公司，由新公司来经营旅馆，我方用实物出资。

问题是经营权。我方可以出资的只有土地和人才，因此我认为某种程度上向大公司转让经营权也无不可。如今的度假、观光业，不能只靠现场的精心服务，还要到大城市广泛开展促销活动，要引进现代化的劳务管理和财务管理体制。在大举拓展事业时，在家族、亲属中，如果找不出可以胜任的有能力有胸襟的人才，那么应该尽早爽快地与家族式经营告别。

幸好，在公司里，长子愿意继承，经理和女掌柜也有了接班的人选。员工素质高，多数人愿意在公司长期工作。因此现职员工将来仍能续用。同时，家族、亲属在经营班子中占据一部分，可以为当地的发展继续做贡献。在这种情形下，将部分经营权让给大公司也可以吧。

推进与大公司的合作以解决设备投资问题，对于我们这种想法，希望听听您有什么忠告。

• 解答　不能提高收益率的扩张十分危险
——要“在土表正中相扑”，提升利润率

坦率地说，该怎么回答呢，这是一个非常困难的问题。

“与大公司合作，可以利用它的资金能力和现代化的经营管理能力，为此，按情况把经营权的相当一部分让给大公司也无妨。”这是你阐述的意见。但是，你又讲了一个前提条件，

就是公司已经有了家族继承人，经理、女掌柜以及现有人员都要继续照常工作。

但是，我的话或许很严酷，你讲的前提条件不能成立。如果按照你的愿望，大公司有兴趣与你共同经营。三十年一次大规模设备投资所需资金从银行借贷，那么，理所当然，银行会要求大公司负责担保。大公司担保等同于大公司自己从银行借钱，那么，恐怕大公司实际上会要求确保百分之百的经营权。作为你出资的土地存在一个估价的问题，估计也只能占到百分之十至二十吧。字号、人才这些无形的不稳定的要素估计不能作价入股。就是说，百分之八九十的经营权会落到大公司手里。

你讲的前提是：继承人、经理、女掌柜以及现有人员理所当然都要在公司长期工作下去。但是，试用两三年后，如果大公司判断你儿子缺乏作为经营者的能力，或者虽有能力，但经营方式不符合大公司的要求，那么，他们就会无情地撤换。经理、女掌柜也一样。所以，同大公司合作可以，但无法保证经营者和员工像过去一样长期被聘用。

或许你觉得我的话未免冷酷，但是，大公司为这项事业注入的资金最终是他们自己的责任，他们必然会采取非常冷静而理性的行动，按照资本的逻辑，对于自己的投资当然要保护要守卫。

这种情形其实相当普遍，我说这话时心里有一种痛苦的感觉。中小企业，以及乡镇商业街上的商铺毫无例外地存在同样的问题，或者今后会遇到这样的问题。

直截了当地说，你想按照自己的思路来开展事业，却又去追求大公司的参与，这样决断未免鲁莽。

看了你们这几年的业绩报表，不客气地说，虽然销售额略有提升，但利润实在太低。另外，折旧费每年增加。有这么多的折旧费，按理讲，即使利润不多，也能确保相当的现金用以归还贷款。但实际上，你们的贷款不减反增。首先必须考虑的是：如何提高眼前经营的收益率，如何改善公司的财政状况。

有句谚语叫“天助自助者”，确实如此。自己缺乏自立的能力，银行就不肯融资。银行只把伞借给自己会避雨的人。你说同大公司合作是为了实现你的大计划，但实际上，你原本没有这个能力，才想通过大公司获得资金。

有相当的营业额，而且一点点增加，然而利润却很低，而且一直没有增长，反而借款却不断增加，这就是你眼下的现实。这样下去必然走入死胡同。不顾这个现实，却希望另辟蹊径以图起死回生。我以为这样做绝不会成功。不管怎样，首先必须靠自己的力量改善公司的财务状况。

你还说，进行新的投资，现在的销售就能扩大三倍。扩大二倍还有可能，但三倍的话，那是一个很大的飞跃。如果事业规模扩大至三倍，那么人的问题、内部管理的问题等各种问题都会接踵而来，经营的难度会以几何级数增加。另外，再怎么新建新装，要让客人丢下现在三倍的钱没那么容易。我担心你的计划过于乐观。

旅馆的建筑已用了将近三十年，如果今后难以继续使用，就有一个改建的问题。旅馆、酒店所用的钢筋混凝土建筑经过三十年一般就会老化。按理说，这时建筑物的折旧应该结束了。你提到了供水和空调设施的老化问题。这些设施的使用寿命更短，与建筑物不同，十年就应折旧完毕。按“定率法”折旧的话，已经不须再承担折旧费用。这部分折旧是一项可观的收益，必须作为内部留存用于将来的投资。同时至少要拿出百分之十的利润，作为企业内部留存储备起来。

我在创业后不久，听过松下幸之助有关“水库经营”的演讲。当时我就意识到，要想办法增加公司内部的资金储备，要抱着这种强烈的意志去经营企业，这一点非常重要。相扑时，不能被逼到了土表的边缘才奋起拼搏，而是在土表正中，还有余裕时，就要背水一战，日夜努力来提高收益。当前你该做的，首先就是提高收益，必须实践“销售最大化，费用最小化”。但是费用最小化，并不意味着要降低服务水平、将饭菜搞得很差，以至客人不愿光临。就现有的建筑物，把餐饮和服务做得很出色，而成本又比别人低，那就需要非同寻常的努力，需要动脑筋，想主意，用智慧。

这或许不是常人都能做到的事。做到这份上就成了出名的企业家了。但是，必须想办法彻底改善收益状况。不管你的构想本身多有魅力，但眼前的收益不高，却侈谈扩张，那只会增加经营的危机。

即使如你所说，那家大公司对你的计划表示赞同，并出于好意，同意融资或出资。但如果你的计划不能顺利实现，出资方就会面临资金回收的问题。到时你就要承受沉重的打击。只想依靠别人的资本和信用来拓展自己的事业，这本身就是非常危险的。

【经营问答三】

扩充业务带来债务增加

● 问题

我们公司属于运输业，运送各种工业物资。最近增加了卡车，设立了子公司，扩大了仓库、配送中心等事业据点。另外，最近本地的客户都集中搬迁到当地的工业园。为了保持同这些客户的关系，我们也在这个工业园开设了运输品加工厂，因为这个工业园不允许设立只做运输业的据点。为了这新的投资，我们增加了银行贷款。

运输行业大多是中小企业，竞争日益激烈。为了生存，企业需要一定的规模和事业的基盘，这个课题是燃眉之急，所以我们最近采取了扩展的方针。

但是运输业基本的工作就是辛勤的劳动，赚的是辛苦钱。事业扩大也不可能马上赚大钱。今后国产的许多工业品都会被进口产品所替代，劳动条件可能也会随之提高，对此我也很担心。在这种情况下，我想对已有的事业扩展方针再次审视，设法压缩贷款，等企业实力增强以后再考虑扩张。为这事，我很烦恼。

最近五年，我们公司的投资大半用于建车库及所需的土地上，对工厂设备也投了资。五年的投资额大约相当于一年的营业额。

近几年来，营业额呈上升趋势，利润率也随营业规模扩大而提高了。但贷款利息、折旧负担也一直在增加。另外，新设的加工部门销售额还很低，现阶段无法指望它很快能获利。

我认为减少贷款是重要的课题，但对工厂设备却需要追加投资，估计贷款还要增加。如果持续扩展，即使能偿还贷款，由于新项目接二连三，企业也很难摆脱借贷的模式。

在这种状况下，是继续现在的扩展方针呢，还是着眼于整理现有的战线、强化企业体质呢？这样的选择事关重大，这是企业的生死一搏。我该怎么办？请予指教。

• 解答　看懂损益表，理解数字的意义
——不懂会计就无法经营

你提出了一个很难回答的问题。首先，因为有运输业和加工业两个部门，所以，要将这两个部门分开独立核算，包括折旧费、人工费都要清楚地划分，分别做损益计算。然后把两个部门的数字相加就能看清企业的整体。

你投资的内容大半是车库用地和工厂用地。土地不提折旧费，所以在资金平衡表上，这笔款项一直保留。因此，在获取土地时，只要从现金流的观点考虑“资金周转有无问题”就行。只要事业运行所需的流动资金够用，即使有部分土地闲置，不管买土地的钱是从银行借的，还是自己手头的钱，只要支付得起相应的利息就行。

但是工厂的机械设备、厂房、建筑费用，性质完全不同，不仅要付贷款利息，而且要负担折旧费。

就是说，获取土地，只要一开始有这笔钱就行，平时的费用只有利息负担。但工厂的设备投资，需要负担利息加上折旧。必须持续获取足够的收益才能承担得起这两笔费用。

近三年来，在激烈竞争中，由于你们采取了积极发展的方针，销售额顺利上升。你们的经常利润（销售利润加减营业外损益），虽然利息和折旧费增加了，但销售利润率却从过去的4%提高到了将近10%。

你担心随着事业不断扩大，设备投资是否会过快。那么，就看利润率在达到10%后能否再有所上升。随着业务内容的扩展，利润是否同时上升，经营企业就应以此作为判断基准。

整体的事业规模扩大时，不仅设备折旧，所有的费用都会大幅增加。经营企业就要竭力压缩这些费用，只要费用的增加低于销售额的增长就行。现在的银行贷款利息非常低，但金融形势变化很快。要考虑到利息上升的可能性。因为现在利息低，投了那么多资，或许利润还有所增加。但当银行加息时，或许一分钱的利润也挤不出来，经营甚至可能转为亏损。企业利润减少，银行担心收不回款，就会控制放贷，甚至撤回贷款。这时即使盈利，因资金枯竭，仍会破产（黑字破产）。

所以，当利息增加1%时，经常利润会下降多少？利率增加百分之几，利润就没了？月度决算时这些都要计算，经营层要看着这些数据经营企业，在事业扩大过程中，必要时注意刹车。

不仅要考虑利息，还有税金。支付税金后的税后利润加上折旧这一块，能够用于偿付贷款，因此要在这个范围内借钱投资。这是原则。但是，靠增加贷款来扩展事业，难免令人担忧。因此“要尽快偿还贷款”这个想法非常重要。我刚开始经营企业时，援助我的一位朋友，用自家房产作担保，从银行借了 1 000 万日元。我想无论如何必须尽快偿还，于是我拼命努力。但是这位朋友却说：“只要能承担折旧和利息就不错了。不必急于还钱，不如增加贷款以扩展事业，这才叫实业家。本钱的偿还用折旧的钱就行了。”

即使他这么说，我还是讨厌依靠借贷来经营企业，我拼命努力以期尽快把钱还清。这位朋友有点不耐烦，甚至说：“你是一位优秀的工程师，但你成不了出色的经营者。”但是，我的想法很强烈，就是要摆脱借钱还钱的困扰，以便集中全力在土表正中相扑。幸运的是，后来我做到了无贷款经营，而且事业不断扩展。

你现在的担忧很正常。我想，按照这样的思路，殚精竭虑，努力奋斗，你的企业一定会变得很优秀。

【经营问答四】

如何确定经营目标

● 问题

在制定年度计划和中期计划时，我感到困惑的是，年销售额增长率等指标应如何确定呢？

比如，增长率定为 20%，还是 25%，还是 30%？以哪个目标来制定计划呢？当然，就我来说，最好能定为 30%。但部下有各种意见，还有市场环境的问题，究竟以什么为根据来作决定，我感到非常为难。

目标定得过高，大家会觉得那只是纸上画饼而已；目标定得过低，企业里的气氛就会松弛。制定怎样的目标，才能激发大家的紧张感，让大家觉得只要努力目标就一定能实现。目标该怎么决定才好呢？

另外，制定目标该自上而下还是自下而上呢？这也是一个问题。如果自上而下，员工会觉得那是“上面压下来的指标”；如果自下而上，那么部下只会考虑比上年的水准稍稍高一点的数字。经营者思考的重点应放在哪里？怎样决定目标？

有关要点请予指教。

●解答　经营目标取决于经营者的意志
——如何燃起团队的斗志

说实话，你为这个问题而苦恼，这本身说明你已经是一位优秀的经营者。

制定目标，这是企业经营中非常重要的一个环节。只要是在努力经营企业的人，一定会为这个问题而烦恼。不管什么企业，这都是永恒的课题。

所谓经营，就是如何来指挥由人组成的集团。所以，不观察人的心理活动，经营就无从谈起，忽视人心就无法经营。

制定目标的问题，本质上就是一个掌握人心的问题。比如说，目标定得过高，这个目标无论怎么努力也达不到，但你依然坚持这个脱离现实的高目标，大家就会觉得你这个人很怪。但是，你不得已把这个目标向下调整，又会让大家认为：目标这东西是可以随便改动的，目标可以再次下降。一旦员工们有了这样的心态，不管目标下调不下调，进退维谷，事情都会不好办。

我认为，经营者的使命就是把生命注入企业。如果把企业这个组织比喻为人体，那么，经营者就相当于脑细胞，像司令官一样发出指令。经营者比任何人都要更认真地思考企业的问题，身先士卒，意气风发，拼命工作，这时候企业就会生机勃勃。相反，如果经营者把个人的私事放在优先的位置，忘掉了企业的事情，哪怕稍稍显露这样的倾向，这时候，企业就失去了生命力。

因此，对于有关企业的事，经营者要比谁都考虑得更多更深，不夹带任何私心，凭自己的意志决断，在这种状态下制定的决策就是企业的经营目标。

就是说，目标是高是低该如何判断，目标的制定该自上而下还是自下而上，沿着这种思路去考虑问题，企业经营绝不会顺畅。如果制定目标存在千篇一律的好办法，那么只要懂了这方法，谁都能经营企业了。

问题不在于目标的高低。首先，作为经营者，你心中要有一个“必须达到”的数字。经营目标就等于经营者的意志。下一步，就看你能不能把已经决定的目标让全体员工认可，让他们发出“好！我们干吧”这样的呼声。

毫无根据地提出高不可攀的数字，一味强调这是“意志！意志!”员工会说：“社长，这么高的目标，无论怎样也达不到啊!”大家都会没有信心。“去年还是负增长，今年却突然要倍增，不可能!”结果大家扫兴，士气低落。你个人的意志多强也不管用。企业经营中最大的事情就是“如何掌握人心”。这又何止是企业经营者的问题呢？学校的老师，棒球队的教练，只要有人的组织存在，其中的成员想些什么，了解他们的心理，懂得怎样把他们的情绪调动起来，这一点非常重要。

既然经营目标体现经营者的意志，那么把这种意志转化为全体员工的意志，还是要靠由上而下的努力。否则，让员工提出让自己吃苦的高数字的目标，那是很难的。领导者必须开口：“明年让我们把销售翻一番吧！”“照这样下去，我们公司必然衰败，我们必须有所作为。如果做得好，我们就可能像东京那家公司一样兴旺发达。”“只要做法得当，我们公司也能大发展，虽然过去低迷，发展不快，但今年我下决心，一定要加倍地发展进步。”首先，社长要行动，要事先营造一种氛围，就是一旦提出目标“今年要翻倍”，周围的人都很自然地响应：“让我们一起干吧！”

突破现状，向新事物发起挑战！任何人的内心深处都有这样的愿望。仅仅在现状的延长线上爬行，大家都会感觉无趣。但同时，人们又有不求有功、但求无过的心理，说出标新立异、与众不同的意见，怕遭人议论。另外，令人不可思议的是：往往集团的人数越多，人们向新事物挑战的欲望就隐藏得越深。所以，如果放任自流，企业员工的情绪会日趋消极。由此看来，经营者应该具备一种能力，就是把人们内心持有的向新鲜事物挑战的精神诱导出来，让他们说出：“好！让我们试着干吧！”为此，你提出的目标必须明确而坚定。

然而，你要毅然决然地制定一个很大的目标，前提必须是在你面前存在着一个很大的商机。但是，商机并不是守株待兔，消极等待，自然而然就会到来的。目标是什么？究竟想做什么？为此要怎么做？这些问题要在头脑里反反复复地进行模拟演练。这样，所谓商机就会变得清晰可见。就可以把大家的力量向该方向集中。先考虑好该做成多大的规模，再向大家做出说明，这就是目标。

中国的古典里有“天时、地利、人和”一说。即使天时、地利都好，决定性的因素最终还是人心。如果多数人自发地求飞跃，要朝新的目标奋进，那么，即使有个别人一时消极冷漠，最终还是会被众人的热情所感染，形成整个公司团结一致、向着既定目标奋勇前进的局面。总之，这是一个心理问题。例如，可以事先开茶话会，营造一种气氛，让大家感受到公司将发生变化，将与过去大不相同。

目标问题对于经营者来说是一个永恒的课题。制定了目标，这个目标可以达成，员工们对这个目标就会充满信心，就会鼓足干劲达成目标。但是，如果目标不可能达成，就会出现相反的情况。结论是：定下目标值，点燃大家的热情，鼓起众人的干劲，向着这目标奋进。这是经营者最重要的工作。

【经营问答五】

成本管理的问题点

● 问题

我们公司创业不久，主要制造工业机械的零部件。最近，随着市场扩展，生产快速增长，品种也在扩大，制造部门的收支状况变得复杂，难以掌握。我很担忧，照这样的速度发展下去，事业的境况将越发难以把握。我正在考虑，尽快研究、引入能够确凿把握经营内容的管理会计系统。

听说在制造行业，几乎所有的企业都采用“成本计算”来管理收支核算。但据说京瓷却从来不用“成本计算”的方法，而采用独特的阿米巴经营管理模式。那么，通常的“成本计算”方式存在什么问题？您是怎么考虑的？请赐教。

● 解答　生产厂家的利润产生于制造部门

正如你所说，许多企业都采用“成本计算”来管理收支。特别是采用所谓“标准成本计算”。京瓷不采用这种方法。起因可追溯到二十多年前从某电器厂家听到了这样的故事：

讲这件事的是这个厂家的一位干部，当时这家厂效益很差。他所在的事业部生产家用电器。该事业部的制造部门用“成本计算”进行管理。这套系统中，首先是预测该产品今年的零售价格是多少。也就是先到秋叶原电器街去调查，看可以卖出什么价钱，即预测末端价格。然后从末端价格倒算，算出批发给零售店的价格、流通过程中的费用，减去这些部分后，再扣除销售部门和间接部门的费用，预定出目标利润，然后可以得出制造成本，制造部门用这个成本来生产就完了。作了上述种种假设后，向工场发出指令“用这个成本制造产品”，这就是所谓的“目标成本”。

工场努力生产，如果能按“目标成本”把产品做出来，这个工场就合格了。不是说这个工场盈利了，而是只要达到了目标成本，保证了生产数量，就算合格。然后销售部门拿了这个目标成本价，再加上最初算好的各种费用、利润，卖给批发商。

然而，让这个如意算盘落空的是市场。因为市场上出现了有特色有竞争力的新产品。店家说，你家的产品已经过时，如果不大幅降价就卖不出去。零售价下降，批发商就逼着厂家降价：“过时的产品必须降价。”“如不降价，库存积压，就无法再进你家的货。”总之，批发商软硬兼施。结果价格暴跌，连降几成也赶不上。

当初厂家计划有两成的赚头，后来卖价接连下滑，利润节节下降，最后只剩百分之几。更糟糕的，比如，半导体行业常见的，一旦市场价格崩溃，暴跌不止，流通业和制造业都会急转直下、大幅亏损。

这样的情形反复上演，做家电无利可图已是理所当然，公司内形成这种共识，大家束手无策，只能放弃了。如开发不出特别畅销的产品就没有出路、毫无办法了。

那么，问题究竟出在哪里呢？本来，对于生产厂家来说，创造附加价值和利润的就是制造部门。就是说，“依靠制造创出利润”这样的体制没有形成，才是问题的根源。制造部门不把利润作为目标，而认为只要完成所需的数量，只要达到目标成本，就万事大吉了。这就是问题的症结所在。

在这个由成本计算方式运行的系统里，负责销售的董事决定制造成本和销售价格。按照成本计算的思路，必定导致产品的供应方决定价格。首先有成本，然后依照供应方的逻辑来控制市场。然而，实际上，卖价恰恰是由市场决定的。一厢情愿按照供应方的逻辑行事，会立即遭受市场的痛击。这就是上述例子反映的事实。

今后的市场经济，将是全世界的企业在市场上自由竞争的全球化经济。因此，今后经营企业的大前提就是“价格由市场决定”。由此，制造业的基本思想必须是“价格和成本都不固定”，必须不断地钻研创新，以降低成本。企业必须形成这样的体制。

“生产厂家的利润来自制造”，所以，刚才那个电器厂家的例子，把制造部门仅仅当作成本中心，根本无法推动业务。就是说，给制造部门下指令：“用这个成本做出这个数量。”给它一个目标成本。经过努力达到了目标，这就是终点了。比目标更低的成本就很难做到。把制造现场当作成本中心，等于把制造现场与市场隔离，让制造现场失去对市场的真切感受，阻碍他们挑战市场的勇气。

当然还有一种方法，就是把制造作为利润中心的成本计算系统。这个系统比刚才那个成本中心的系统要好得多。但是，仍然与卖价脱离，仍然倾向于只把焦点集中在达到成本目标上。其结果，“以制造创造利润”这个方针果真落实了吗？我认为没有。

例如，最典型的制造部门核算的管理方法，就是使用标准成本计算。每一个产品都给一个标准成本，针对生产量、出货量计算标准成本。就是说，标准成本就是下达的目标。作为制造部门，首先把达成标准成本当作目标。标准成本“达标了，多大程度上超越了”，还是“差多少没达标”，就用这一条来评价制造部门的功过。这被称为“成本差额”评价。相对于所指定的成本目标，做出了“正的差额”，制造部门就获得表彰。分析这个成本差额从何而来，无非是提高了材料利用率，降低了原材料的进货价，缩短了工序时间等等。看起来这个方法非常精细。对于实际的销售额而言，以标准成本衡量，应该得出一个相应的销售利润。但因为存在或正或负的成本差额，实际的销售利润还要加减这个部分。就是这样一个计算的系统。

这个方法，看起来好像制造已确实成了利润中心，而且许多大企业所属的生产厂家都采用这一管理方法。但在这个管理系统中，在许多场合下，为了掌握各道工序、各种产品的成本和时间，需要花去很多费用和劳力。而且，设定成本“标准”、同实际成本进行比较分析的，不是制造部门，而是成本管理部门或成本计算部门，这是一个很大的问题。作为管理部门，因为并非自己实行的目标，总是“根据以往的实绩”，再略微提高一点，除此之外，他们没有别的制定目标的方法。这样，制造部门的自主经营就成为一句空话。本来是“制造部门创造利润”，但却把制造部门这个中心置于制造以外的管理部门的管辖之下，变成了重视管理的经营。用这种方式经营企业，特别是大企业，往往就孕育出组织官僚化的危险。

那么，该怎么办呢？我认为，除了像“阿米巴经营”一样，把制造部门真正当作利润中心之外，别无他法。在阿米巴经营里，制造部门直接面对变化中的现实市场，自己负责调整产品售价，使之适应变动中的市场价格。形成一个能够灵活应对市场、降低费用、提升利润的组织架构。同时，在制定销售和利润目标时，为了提升自己的收支核算水准，制造部门会断然将目标数字定在高位。还有一点，在这个挑战性的系统中，费用项目一清二楚，便于管理，结果就是彻底地削减成本。用这个方式，正像字面所说，制造部门作为创造利润的主角登上舞台。

在这里，如果要引进依据成本计算的管理会计，就要想办法克服成本计算方式中包含的问题，把“生产厂家的利润由制造产生，制造成为经营的主体”作为前提，构建一个忠实于原则的、简明的系统，就是建立一个制造现场的人容易理解、可以活用的管理系统。这一点很重要。

后记

近来，政界、官界、商界，各种舞弊丑闻不绝于耳。许多坏事暴露出来，让社会对企业的伦理、企业的内部规则，产生了根本性的疑虑，因此对社会造成巨大冲击。

特别是泡沫经济破裂以后，多家日本的金融机构失却信誉，陷于破产的境地。对日本金融界的不信任感蔓延到整个国际社会。从金融机构承担的社会使命和作用来看，这是极其严重的问题。这种不信任感造成人们对日本经济的未来充满悲观情绪，造成股票市场的低迷，给日本的社会经济带来了巨大的恶劣影响。

为了解决这些问题，近来，法人治理、企业管理究竟应该怎么做才对，人们正在热烈讨论。我想，问题不单单在于系统和制度如何，而是经营者失却了经营企业所必需的坐标轴、丢弃了经营企业的原理原则。这才是问题的要害。

我坚信，企业经营取决于领导者的经营哲学，一切经营判断必须基于“作为人，何谓正确”这一原理原则。当我在演讲中谈到这一点时，许多人问我：“那么，实际经营企业的时候，具体该怎么做才好呢?”因此，我在本书中，通过论述具体的“经营论”即“会计学”，来说明企业应该如何经营，说明经营企业的基本思想。这也是一次尝试吧。

为了走出现在混迷的状态，为了事业的顺利开展，我衷心期待，本书所阐述的经营企业所需要的会计学的原理原则能够供大家作参考。

延伸阅读

《思维方式》

所谓“思维方式”就是我们所持有的思想、哲学，或称为理念、信念也可用人生观、人格表示，也可称为“人生态度”。稻盛和夫坚持作为人应该有正面的“思维方式”的哲学，从而追求人的无限的可能性。

《稻盛和夫的哲学》

稻盛和夫思想的具体呈现。用浅显易懂的语言，从心智、欲望等多个维度深入探讨了“人为什么活着”这一哲学基本命题，并由此展现作者深刻的人生与经营智慧。

《心法之肆：提高心性 拓展经营》

稻盛和夫的处女作，回顾了在50　年的经营管理过程中，所经历的种种困难和获得的经验教训，综合阐述了其哲学思想。最终提出了“提高心性拓展经营”是人生和事业的追求。

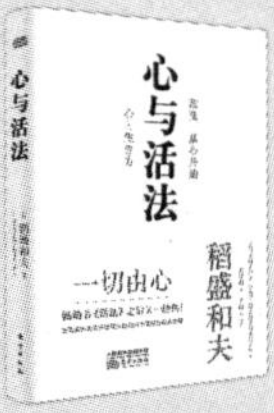

《心与活法》

稻盛和夫用丰富的人生和企业经营经历阐释何谓“心态决定命运”。全书分为三部分：度过美好人生，心与经营，人生哲学是我的精神支柱。强调心态一改天地宽，改变心态不仅可以重塑自己，也可以决定事态的发展。领导人必读。

《日航的奇迹》

稻盛和夫亲自推荐。在稻盛和夫身边做了二十几年秘书的大田嘉仁执笔，真实记录了日航重建的全过程，阐释出了其中蕴含的经营与人生的真谛。更是给广大读者展示了一个稻盛哲学践行的鲜活案例。

《稻盛和夫自传》

稻盛和夫亲笔撰写的唯一传记。由曹寓刚和曹岫云共同全新翻译。全书以稻盛和夫的人生经历完整再现稻盛哲学，思维方式决定人生，京瓷阿米巴的生成路径。

延伸阅读

《心法之贰：燃烧的斗魂》

“燃烧的战魂”是稻盛先生一直提倡的“经营十二条”中的第8 条。他在书中探究了“人心究竟拥有多么强大的力量”，也就是人生应有的状态。

《创造高收益》

实现高收益是所有企业家的梦想。稻盛和夫通过经营问答，阐述了一套有效实现高收益的经营方法，而且这一高收益是高于10%。

《京瓷哲学：人生与经营的原点》

本书是稻盛和夫的“想法”和“活法”的原点，汇集了其八十多年来的经营活动和人生旅程的精华。

《稻盛开讲6：企业摆脱经济危机的五大方略》

本书以美国爆发的“次贷危机”为切入点，谈到了企业家在经营活动中应该采取的方式方法与处世态度，以及在面对经济低迷时应该采取的对策方略。

《创造京瓷的男人：稻盛和夫》

全方位呈现稻盛和夫的成长和创业之路，是一本“人性之书”。

《阿米巴经营导入手册》

以引进阿米巴经营的三家企业为例，阐释何谓阿米巴经营、该如何引进和运用、导入前后发生的何种变化，清楚勾勒出阿米巴经营导入的路径。